STUDIORUM NOVI TESTAMENTI AUXILI'
XIII

Q-SYNOPSIS

THE DOUBLE TRADITION PASSAGES IN GREEK

Revised Edition with Appendix

FRANS NEIRYNCK

LEUVEN
UNIVERSITY PRESS

UITGEVERIJ PEETERS
LEUVEN

1995

CIP KONINKLIJKE BIBLIOTHEEK ALBERT I, BRUSSEL

ISBN 90 6186 669 3 (Leuven University Press)
D/1995/1869/5
ISBN 90-6831-662-1 (Uitgeverij Peeters)
D/1995/0602/10

First Edition 1988, 63 p.
Revised Edition with Appendix

Leuven University Press/Presses Universitaires de Louvain/
Universitaire Pers Leuven
Krakenstraat 3, B-3000 Leuven-Louvain (Belgium)

© Uitgeverij Peeters, Bondgenotenlaan 153, B-3000 Leuven (Belgium)

SYNOPTIC TABLE

The Double Tradition Passages
in the Order of Luke

MATTHEW	LUKE	Page
16,2-3	12,54-56	47
5,25-26	12,57-59	47
13,31-33	13,18-21	49
7,13-14; 25,10-12; 7,22-23;	13,23-30	49
8,11-12; 20,16	[28-30]	51
23,37-39	13,34-35	51
12,11	14,5	51
23,12	14,11; 18,14	51
22,2-10	14,16-24	53
10,37-38	14,26-27	55
5,13	14,34-35	55
18,12-14	15,4-7	55
6,24	16,13	57
11,12-13	16,16	57
5,18	16,17	57
5,32	16,18	57
18,7	17,1	57
18,15.21-22	17,3-4	57
17,20	17,6	59
24,26-28.37-41; 10,39	17,23-24.26-30.33-35.37	59
25,14-30	19,12-27	61
[26-30]	[22-27]	63
19,28	22,28-30	63

The text of Matthew is printed on the left page and the text of Luke on the right. Each page is divided into numbered lines (nos. 1-43 in the left margin) and the corresponding texts of Matthew and Luke are normally printed on the same line.

The verse numbers and the subdivision of the verses into lines a, b, c, etc., are given before the text on each line.

The sign □ indicates additions / omissions; i.e., where a whole line or part of it, one phrase or one word, has no parallel. Differing locations are signaled with the verse number. The Sign / indicates inversions of order.

Bold face type is used for words and parts of words that are identical in Matthew and Luke. Synonyms and substitutes are marked with an asterisk.

Small print is used for uncertain Q texts, narrative introductions and other material that is peculiar to one Gospel.

The Matthean Passages
in Matthew's Order

Mt	Page	Mt	Page	Mt	Page
3,7-12	6	8,5-10.13	20	12,43-45	34
4,1-11	8	8,11-12	50	13,16-17	28
5,1-12	10	8,19-22	24	13,31-33	48
5,13	54	9,32-34	32	15,14	14
5,15	36	9,37-38	26	16,2-3	46
5,18	56	10,7-16	26	17,20	58
5,25-26	46	10,19-20	40	18,7	56
5,32	56	10,24-25	14	18,12-14	54
5,39-42	12	10,26-33	40	18,15.21-22	56
5,44-48	12	10,34-36	46	19,28	62
6,9-13	30	10,37-38	54	20,16	50
6,19-21	42	10,39	58	22,2-10	52
6,22-23	36	10,40	28	23,4	38
6,24	56	11,2-6	22	6-7	36
6,25-33	42	11,7-11	22	13	38
7,1-5	14	11,12-13	56	23.25-27	36
7,7-11	30	11,16-19	24	29-32.34-36	38
7,12	12	11,21-23	28	23,12	50
7,13-14	48	11,25-27	28	23,37-39	50
7,16-20	16	12,11	50	24,26-28.37-41	58
7,21	18	12,22-30	32	24,43-51	44
7,22-23	48	12,32	40	25,10-12	48
7,24-27	18	12,33-35	16	25,14-25	60
7,28a	20	12,38-42	34	26-30	62

This Synopsis has been prepared with the collaboration of Rita Corstjens, Gilbert Van Belle, Frans Van Segbroeck, and Jozef Verheyden.
The Gospel text, which is printed here in a new arrangement, is that of K. Aland's Synopsis ([13]1985). The brackets are omitted.

1   **Mt 3,7-12**

2

3   7a   ἰδὼν *δὲ *πολλοὺς τῶν Φαρισαίων καὶ Σαδδουκαίων

4   b   *ἐρχομένους ἐπὶ τὸ *βάπτισμα αὐτοῦ

5   c   *εἶπεν αὐτοῖς·

6   d   **γεννήματα ἐχιδνῶν,**

7   e   τίς ὑπέδειξεν ὑμῖν φυγεῖν ἀπὸ τῆς μελλούσης ὀργῆς;

8   8   **ποιήσατε οὖν καρπὸν ἄξιον τῆς μετανοίας**

9   9a   **καὶ μὴ *δόξητε λέγειν ἐν ἑαυτοῖς·**

10   b   **πατέρα ἔχομεν τὸν Ἀβραάμ.**

11   c   λέγω γὰρ ὑμῖν ὅτι

12   d   δύναται ὁ θεὸς ἐκ τῶν λίθων τούτων

13   e   ἐγεῖραι τέκνα τῷ Ἀβραάμ.

14   10a   **ἤδη δὲ** □ **ἡ ἀξίνη πρὸς τὴν ῥίζαν τῶν δένδρων κεῖται·**

15   b   **πᾶν οὖν δένδρον μὴ ποιοῦν καρπὸν καλὸν**

16   c   **ἐκκόπτεται καὶ εἰς πῦρ βάλλεται.**

17

18   11a   ἐγὼ μὲν ὑμᾶς / βαπτίζω / ἐν ὕδατι εἰς μετάνοιαν,

19   b   ὁ δὲ ὀπίσω μου ἐρχόμενος ἰσχυρότερός μού ἐστιν,

20   c   οὗ οὐκ εἰμὶ ἱκανὸς

21   d   □ τὰ ὑποδήματα □ / βαστάσαι·

22   e   αὐτὸς ὑμᾶς βαπτίσει ἐν πνεύματι ἁγίῳ καὶ πυρί·

23   12a   οὗ τὸ πτύον ἐν τῇ χειρὶ αὐτοῦ

24   b   καὶ *διακαθαριεῖ τὴν ἅλωνα αὐτοῦ

25   c   καὶ συνάξει τὸν σῖτον αὐτοῦ / εἰς τὴν ἀποθήκην,

26   d   τὸ δὲ ἄχυρον κατακαύσει πυρὶ ἀσβέστῳ.

1 Lc 3,7-9.16-17

2

3 7a   *ἔλεγεν *οὖν

4 b   τοῖς *ἐκπορευομένοις *ὄχλοις *βαπτισθῆναι ὑπ' αὐτοῦ·

5   7a

6 c γεννήματα ἐχιδνῶν,

7 d   τίς ὑπέδειξεν ὑμῖν φυγεῖν ἀπὸ τῆς μελλούσης ὀργῆς;

8 8a ποιήσατε οὖν καρποὺς ἀξίους τῆς μετανοίας

9 b καὶ μὴ *ἄρξησθε λέγειν ἐν ἑαυτοῖς·

10 c   πατέρα ἔχομεν τὸν Ἀβραάμ.

11 d λέγω γὰρ ὑμῖν ὅτι

12 e   δύναται ὁ θεὸς ἐκ τῶν λίθων τούτων

13 f   ἐγεῖραι τέκνα τῷ Ἀβραάμ.

14 9a ἤδη δὲ καὶ ἡ ἀξίνη πρὸς τὴν ῥίζαν τῶν δένδρων κεῖται·

15 b   πᾶν οὖν δένδρον μὴ ποιοῦν καρπὸν καλὸν

16 c   ἐκκόπτεται καὶ εἰς πῦρ βάλλεται.

17 3,16-17

18 16b ἐγὼ μὲν □ ὕδατι / βαπτίζω / ὑμᾶς □·

19 c   ἔρχεται δὲ □ ὁ ἰσχυρότερός μου,

20 d   οὗ οὐκ εἰμὶ ἱκανὸς

21 e   λῦσαι / τὸν ἱμάντα τῶν ὑποδημάτων αὐτοῦ·

22 f αὐτὸς ὑμᾶς βαπτίσει ἐν πνεύματι ἁγίῳ καὶ πυρί·

23 17a οὗ τὸ πτύον ἐν τῇ χειρὶ αὐτοῦ

24 b   *διακαθᾶραι τὴν ἅλωνα αὐτοῦ

25 c   καὶ συναγαγεῖν τὸν σῖτον εἰς τὴν ἀποθήκην / αὐτοῦ,

26 d   τὸ δὲ ἄχυρον κατακαύσει πυρὶ ἀσβέστῳ.

1   Mt 4,1-11

2

3   1a   *τότε ὁ Ἰησοῦς □

4   □

5   b   *ἀνήχθη *εἰς τὴν ἔρημον / *ὑπὸ τοῦ πνεύματος

6   c   2a   πειρασθῆναι ὑπὸ τοῦ διαβόλου.

7   2a   καὶ *νηστεύσας ἡμέρας τεσσεράκοντα καὶ νύκτας τεσσεράκοντα,

8   b   □ *ὕστερον ἐπείνασεν.

9   3a   *καὶ προσελθὼν ὁ *πειράζων / εἶπεν αὐτῷ·

10   b   εἰ υἱὸς εἶ τοῦ θεοῦ, εἰπὲ ἵνα / οἱ λίθοι οὗτοι ἄρτοι / γένωνται.

11   4a   ὁ *δὲ ἀποκριθεὶς □ εἶπεν·

12   b   γέγραπται □· οὐκ ἐπ' ἄρτῳ μόνῳ ζήσεται ὁ ἄνθρωπος,

13   c   ἀλλ' ἐπὶ παντὶ ῥήματι ἐκπορευομένῳ διὰ στόματος θεοῦ.

14   8a   *πάλιν *παραλαμβάνει αὐτὸν ὁ διάβολος εἰς ὄρος ὑψηλὸν λίαν

15   b   καὶ δείκνυσιν αὐτῷ πάσας τὰς βασιλείας τοῦ *κόσμου

16   c   καὶ τὴν δόξαν αὐτῶν □

17   9a   καὶ εἶπεν αὐτῷ· 8a

18   b   ταῦτά / σοι *πάντα δώσω, 8c

19   □

20   c   □ ἐὰν πεσὼν προσκυνήσῃς □ μοι □.

21   10a   *τότε □ *λέγει αὐτῷ / ὁ Ἰησοῦς·

22   b   ὕπαγε, σατανᾶ· γέγραπται γάρ·

23   c   κύριον τὸν θεόν σου προσκυνήσεις καὶ αὐτῷ μόνῳ λατρεύσεις.

24   5a   *τότε *παραλαμβάνει αὐτὸν ὁ διάβολος εἰς τὴν ἁγίαν *πόλιν

25   b   καὶ ἔστησεν αὐτὸν ἐπὶ τὸ πτερύγιον τοῦ ἱεροῦ

26   6a   καὶ *λέγει αὐτῷ·

27   b   εἰ υἱὸς εἶ τοῦ θεοῦ, βάλε σεαυτὸν □ κάτω·

28   c   γέγραπται γὰρ ὅτι

29   d   τοῖς ἀγγέλοις αὐτοῦ ἐντελεῖται περὶ σοῦ □

30   e   καὶ □ ἐπὶ χειρῶν ἀροῦσίν σε,

31   f   μήποτε προσκόψῃς πρὸς λίθον τὸν πόδα σου.

32   7a   □ *ἔφη αὐτῷ ὁ Ἰησοῦς □·

33   b   πάλιν *γέγραπται· οὐκ ἐκπειράσεις κύριον τὸν θεόν σου.

34   11a   *τότε □

35   b   *ἀφίησιν αὐτὸν / ὁ διάβολος □,

36   c   καὶ ἰδοὺ ἄγγελοι προσῆλθον καὶ διηκόνουν αὐτῷ.

1   **Lc 4,1-13**

2

3   1a **Ἰησοῦς** *δὲ πλήρης πνεύματος ἁγίου

4   b   ὑπέστρεψεν ἀπὸ τοῦ Ἰορδάνου

5   c   καὶ *ἤγετο *ἐν τῷ πνεύματι / *ἐν τῇ ἐρήμῳ

6   2a **ἡμέρας τεσσεράκοντα** □ **πειραζόμενος ὑπὸ τοῦ διαβόλου.**

7   b   καὶ οὐκ *ἔφαγεν οὐδὲν ἐν ταῖς ἡμέραις ἐκείναις

8   c   καὶ *συντελεσθεισῶν αὐτῶν ἐπείνασεν.

9   3a εἶπεν *δὲ **αὐτῷ** / □ ὁ *διάβολος·

10 b   εἰ **υἱὸς εἶ τοῦ θεοῦ, εἰπὲ τῷ λίθῳ** τούτῳ / **ἵνα γένηται** / **ἄρτος.**

11 4a *καὶ **ἀπεκρίθη πρὸς αὐτὸν** □ ὁ Ἰησοῦς·

12 b   **γέγραπται** ὅτι οὐκ ἐπ᾽ **ἄρτῳ μόνῳ ζήσεται ὁ ἄνθρωπος.**

13   □

14 5a *καὶ *ἀναγαγὼν **αὐτὸν** 6a □

15 b   □ ἔδειξεν **αὐτῷ πάσας τὰς βασιλείας** τῆς *οἰκουμένης

16 c   6b ἐν στιγμῇ χρόνου

17 6a **καὶ εἶπεν αὐτῷ ὁ διάβολος·**

18 b   **σοὶ δώσω** / τὴν ἐξουσίαν ταύτην *ἅπασαν **καὶ τὴν δόξαν αὐτῶν,**

19 c   ὅτι ἐμοὶ παραδέδοται καὶ ᾧ ἐὰν θέλω δίδωμι αὐτήν·

20 7   σὺ οὖν ἐὰν □ **προσκυνήσῃς ἐνώπιον ἐμοῦ, ἔσται σοῦ πᾶσα.**

21 8a *καὶ ἀποκριθεὶς ὁ Ἰησοῦς / *εἶπεν αὐτῷ·

22 b   □ **γέγραπται** □·

23 c   **κύριον τὸν θεόν σου προσκυνήσεις καὶ αὐτῷ μόνῳ λατρεύσεις.**

24 9a *ἤγαγεν *δὲ **αὐτὸν** □ **εἰς** *Ἰερουσαλὴμ

25 b   **καὶ ἔστησεν** □ **ἐπὶ τὸ πτερύγιον τοῦ ἱεροῦ**

26 c   **καὶ** *εἶπεν αὐτῷ·

27 d   **εἰ υἱὸς εἶ τοῦ θεοῦ, βάλε σεαυτὸν** ἐντεῦθεν **κάτω·**

28 10a **γέγραπται** γὰρ ὅτι

29 b   **τοῖς ἀγγέλοις αὐτοῦ ἐντελεῖται περὶ σοῦ τοῦ διαφυλάξαι σε**

30 11a **καὶ ὅτι ἐπὶ χειρῶν ἀροῦσίν σε,**

31 b   **μήποτε προσκόψῃς πρὸς λίθον τὸν πόδα σου.**

32 12a **καὶ ἀποκριθεὶς** *εἶπεν αὐτῷ ὁ Ἰησοῦς ὅτι

33 b   □ *εἴρηται· **οὐκ ἐκπειράσεις κύριον τὸν θεόν σου.**

34 13a *καὶ συντελέσας πάντα πειρασμὸν

35 b   **ὁ διάβολος** / *ἀπέστη ἀπ᾽ αὐτοῦ ἄχρι καιροῦ

36   □

Mt 5,1-12

1		Mt 5,1-12
2		
3	1a	ἰδὼν δὲ τοὺς ὄχλους ἀνέβη εἰς τὸ ὄρος,
4	b	καὶ καθίσαντος αὐτοῦ προσῆλθαν αὐτῷ οἱ **μαθηταὶ αὐτοῦ·**
5	2a	καὶ ἀνοίξας τὸ στόμα αὐτοῦ
6	b	ἐδίδασκεν αὐτοὺς λέγων·
7	3a	**μακάριοι οἱ πτωχοὶ** τῷ πνεύματι,
8	b	**ὅτι *αὐτῶν ἐστιν ἡ βασιλεία** τῶν *οὐρανῶν.
9	6a	**μακάριοι οἱ πεινῶντες** καὶ διψῶντες τὴν δικαιοσύνην □,
10	b	**ὅτι** αὐτοὶ **χορτασθήσονται.**
11	4a	**μακάριοι οἱ** *πενθοῦντες □,
12	b	**ὅτι** αὐτοὶ *παρακληθήσονται.
13	5a	μακάριοι οἱ πραεῖς,
14	b	ὅτι αὐτοὶ κληρονομήσουσιν τὴν γῆν.
15	7a	μακάριοι οἱ ἐλεήμονες,
16	b	ὅτι αὐτοὶ ἐλεηθήσονται.
17	8a	μακάριοι οἱ καθαροὶ τῇ καρδίᾳ,
18	b	ὅτι αὐτοὶ τὸν θεὸν ὄψονται.
19	9a	μακάριοι οἱ εἰρηνοποιοί,
20	b	ὅτι αὐτοὶ υἱοὶ θεοῦ κληθήσονται.
21	10a	μακάριοι οἱ δεδιωγμένοι ἕνεκεν δικαιοσύνης,
22	b	ὅτι αὐτῶν ἐστιν ἡ βασιλεία τῶν οὐρανῶν.
23	11a	**μακάριοί ἐστε**
24		□
25	b	**ὅταν ὀνειδίσωσιν** / **ὑμᾶς καὶ** / *διώξωσιν
26	c	**καὶ** εἴπωσιν πᾶν **πονηρὸν** καθ᾽ **ὑμῶν** ψευδόμενοι
27	d	*ἕνεκεν *ἐμοῦ.
28	12a	χαίρετε □ **καὶ** *ἀγαλλιᾶσθε,
29	b	*ὅτι □ **ὁ μισθὸς ὑμῶν πολὺς** ἐν τοῖς **οὐρανοῖς·**
30	c	*οὕτως **γὰρ** *ἐδίωξαν τοὺς **προφήτας** τοὺς πρὸ ὑμῶν □.
31		
32		
33		
34	4b	
35		
36		
37		
38	4a	
39	11c	
40		

1   Lc 6,20-26

2

3   □

4   □

5   20a   καὶ αὐτὸς ἐπάρας τοὺς ὀφθαλμοὺς αὐτοῦ εἰς τοὺς **μαθητὰς αὐτοῦ**

6   b   ἔλεγεν·

7   c   **μακάριοι οἱ πτωχοί** □,

8   d   **ὅτι** *ὑμετέρα **ἐστὶν ἡ βασιλεία** τοῦ *θεοῦ.

9   21a   **μακάριοι οἱ πεινῶντες** □ **νῦν,**

10   b   **ὅτι** □ **χορτασθήσεσθε.**

11   c   **μακάριοι οἱ** *κλαίοντες **νῦν,**

12   d   **ὅτι** □ *γελάσετε.

13

14

15

16

17

18

19

20

21

22

23 22a   **μακάριοί ἐστε**

24   b   ὅταν μισήσωσιν ὑμᾶς οἱ ἄνθρωποι

25   c   καὶ **ὅταν** *ἀφορίσωσιν / **ὑμᾶς καὶ** / **ὀνειδίσωσιν**

26   d   **καὶ** ἐκβάλωσιν τὸ ὄνομα **ὑμῶν** ὡς **πονηρὸν** □

27   e   *ἕνεκα τοῦ *υἱοῦ τοῦ ἀνθρώπου·

28 23a   χάρητε ἐν ἐκείνῃ τῇ ἡμέρᾳ **καὶ** *σκιρτήσατε,

29   b   ἰδοὺ *γὰρ **ὁ μισθὸς ὑμῶν πολὺς ἐν τῷ οὐρανῷ**

30   c   *κατὰ τὰ αὐτὰ γὰρ *ἐποίουν τοῖς **προφήταις** □ οἱ πατέρες αὐτῶν.

31

32 24a   πλὴν

33   b   οὐαὶ ὑμῖν τοῖς πλουσίοις,

34   c   ὅτι ἀπέχετε τὴν **παράκλησιν** ὑμῶν.

35 25a   οὐαὶ ὑμῖν, οἱ ἐμπεπλησμένοι νῦν,

36   b   ὅτι πεινάσετε,

37   c   οὐαί,   οἱ γελῶντες νῦν,

38   d   ὅτι **πενθήσετε** καὶ κλαύσετε.

39 26a   οὐαὶ   ὅταν ὑμᾶς καλῶς **εἴπωσιν** πάντες οἱ ἄνθρωποι·

40   b   κατὰ τὰ αὐτὰ γὰρ ἐποίουν τοῖς ψευδοπροφήταις οἱ πατέρες αὐτῶν.

1 Mt 5,39-42.44-48; 7,12

2

3 44a ἐγὼ *δὲ λέγω / **ὑμῖν** □·

4 b   **ἀγαπᾶτε τοὺς ἐχθροὺς ὑμῶν**

5   □

6   □

7 c   καὶ **προσεύχεσθε** *ὑπὲρ τῶν *διωκόντων **ὑμᾶς,**

8 39b *ὅστις **σε** / *ῥαπίζει *εἰς τὴν δεξιὰν **σιαγόνα σου,**

9 c   *στρέψον αὐτῷ **καὶ τὴν ἄλλην·**

10 40a **καὶ τῷ θέλοντί σοι κριθῆναι καὶ τὸν χιτῶνά / σου** / *λαβεῖν,

11 b   *ἄφες αὐτῷ / **καὶ τὸ ἱμάτιον·**

12 41a καὶ ὅστις σε ἀγγαρεύσει μίλιον ἕν,

13 b   ὕπαγε μετ' αὐτοῦ δύο.

14 42a □ **τῷ αἰτοῦντί σε δός,**

15 b   **καὶ** τὸν θέλοντα **ἀπὸ** *σοῦ *δανίσασθαι μὴ *ἀποστραφῇς.

16 7,12a πάντα *οὖν *ὅσα ἐὰν θέλητε **ἵνα ποιῶσιν ὑμῖν οἱ ἄνθρωποι,**

17 b   *οὕτως / καὶ ὑμεῖς **ποιεῖτε αὐτοῖς·**

18 c   οὗτος γάρ ἐστιν ὁ νόμος καὶ οἱ προφῆται.

19 46a *ἐὰν *γὰρ **ἀγαπήσητε τοὺς ἀγαπῶντας ὑμᾶς,**

20 b   *τίνα *μισθὸν *ἔχετε;

21 c   *οὐχὶ **καὶ οἱ** *τελῶναι τὸ αὐτὸ ποιοῦσιν;

22 47a **καὶ** □ ἐὰν *ἀσπάσησθε τοὺς *ἀδελφοὺς ὑμῶν μόνον,

23 b   *τί περισσὸν ποιεῖτε;

24 c   οὐχὶ **καὶ οἱ** *ἐθνικοὶ **τὸ αὐτὸ ποιοῦσιν;**

25   □ 42b

26   □

27   □

28   □

29   □

30   □

31   □

32 45a *ὅπως *γένησθε **υἱοὶ** τοῦ *πατρὸς ὑμῶν τοῦ ἐν οὐρανοῖς,

33 b   **ὅτι** τὸν ἥλιον αὐτοῦ ἀνατέλλει **ἐπὶ** □ **πονηροὺς καὶ** ἀγαθοὺς

34 c   καὶ βρέχει ἐπὶ δικαίους καὶ *ἀδίκους.

35 48a *ἔσεσθε οὖν ὑμεῖς *τέλειοι

36 b   *ὡς □ **ὁ πατὴρ ὑμῶν** ὁ οὐράνιος *τέλειός **ἐστιν.**

1   **Lc 6,27-36**

2

3 27a *ἀλλὰ □ **ὑμῖν** / λέγω τοῖς ἀκούουσιν·

4   b   **ἀγαπᾶτε τοὺς ἐχθροὺς ὑμῶν,**

5   c   καλῶς ποιεῖτε τοῖς μισοῦσιν ὑμᾶς,

6 28a   εὐλογεῖτε τοὺς καταρωμένους ὑμᾶς,

7   b   □ **προσεύχεσθε** *περὶ τῶν *ἐπηρεαζόντων **ὑμᾶς.**

8 29a *τῷ *τύπτοντί / σε *ἐπὶ τὴν □ **σιαγόνα** □

9   b   *πάρεχε □ **καὶ τὴν ἄλλην,**

10 c **καὶ** □ ἀπὸ τοῦ *αἴροντός / σου / **τὸ ἱμάτιον**

11 d   **καὶ τὸν χιτῶνα** / μὴ *κωλύσῃς □.

12   □

13   □

14 30a παντὶ □ **αἰτοῦντί σε** δίδου,

15   b **καὶ ἀπὸ τοῦ** *αἴροντος τὰ *σὰ μὴ *ἀπαίτει.

16 31a *καὶ □ *καθὼς □ **θέλετε** ἵνα ποιῶσιν ὑμῖν οἱ ἄνθρωποι

17   b   □ **ποιεῖτε αὐτοῖς** / *ὁμοίως.

18   □

19 32a *καὶ *εἰ **ἀγαπᾶτε τοὺς ἀγαπῶντας ὑμᾶς,**

20   b   *ποία ὑμῖν *χάρις *ἐστίν;

21   c   **καὶ** *γὰρ **οἱ** *ἁμαρτωλοὶ τοὺς ἀγαπῶντας αὐτοὺς ἀγαπῶσιν.

22 33a **καὶ** γὰρ ἐὰν *ἀγαθοποιῆτε τοὺς *ἀγαθοποιοῦντας **ὑμᾶς** □,

23   b   *ποία ὑμῖν χάρις ἐστίν;

24   c   □ **καὶ οἱ** *ἁμαρτωλοὶ **τὸ αὐτὸ ποιοῦσιν.**

25 34a καὶ ἐὰν **δανίσητε** παρ' ὧν ἐλπίζετε λαβεῖν,

26   b   ποία ὑμῖν χάρις ἐστίν;

27   c   καὶ ἁμαρτωλοὶ ἁμαρτωλοῖς δανίζουσιν ἵνα ἀπολάβωσιν τὰ ἴσα.

28 35a πλὴν ἀγαπᾶτε τοὺς ἐχθροὺς ὑμῶν

29   b   καὶ ἀγαθοποιεῖτε

30   c   καὶ δανίζετε μηδὲν ἀπελπίζοντες·

31   d   καὶ ἔσται ὁ μισθὸς ὑμῶν πολύς,

32   e   *καὶ *ἔσεσθε **υἱοὶ** *ὑψίστου,

33   f   ὅτι αὐτὸς χρηστός ἐστιν **ἐπὶ** τοὺς *ἀχαρίστους **καὶ πονηρούς.**

34   □

35 36a *γίνεσθε □ *οἰκτίρμονες

36   b   *καθὼς καὶ ὁ **πατὴρ ὑμῶν** □ *οἰκτίρμων ἐστίν.

1   Mt 7,1-5; 10,24-25; 15,14

2

3   1   □ **μὴ κρίνετε,** ***ἵνα** □ **μὴ κριθῆτε·**

4   2a   ἐν ᾧ γὰρ κρίματι κρίνετε κριθήσεσθε,

5   □

6   □

7   □

8   □

9   □

10   b   **καὶ ἐν ᾧ μέτρῳ μετρεῖτε** ***μετρηθήσεται ὑμῖν.**

11

12   □

13   15,14a   ἄφετε αὐτούς· τυφλοί εἰσιν ὁδηγοὶ τυφλῶν·

14   b   □ **τυφλὸς** δὲ **τυφλὸν ἐὰν ὁδηγῇ,**

15   c   □ **ἀμφότεροι εἰς βόθυνον** ***πεσοῦνται;**

16

17   10,24a   **οὐκ ἔστιν μαθητὴς ὑπὲρ τὸν διδάσκαλον**

18   b   οὐδὲ δοῦλος ὑπὲρ τὸν κύριον αὐτοῦ.

19   25a   ἀρκετὸν τῷ μαθητῇ ἵνα ***γένηται ὡς ὁ διδάσκαλος αὐτοῦ**

20   b   καὶ ὁ δοῦλος ὡς ὁ κύριος αὐτοῦ.

21

22   3a   **τί** δὲ **βλέπεις τὸ κάρφος τὸ ἐν τῷ ὀφθαλμῷ τοῦ ἀδελφοῦ σου,**

23   b   **τὴν** δὲ □ **ἐν τῷ** ***σῷ ὀφθαλμῷ / δοκὸν οὐ κατανοεῖς;**

24   4a   **ἢ πῶς** □ ***ἐρεῖς τῷ ἀδελφῷ σου·**

25   b   □ **ἄφες ἐκβάλω τὸ κάρφος** □ ***ἐκ τοῦ ὀφθαλμοῦ σου,**

26   c   **καὶ ἰδοὺ ἡ δοκὸς / ἐν τῷ ὀφθαλμῷ σου** □;

27   5a   **ὑποκριτά, ἔκβαλε πρῶτον ἐκ τοῦ ὀφθαλμοῦ σου / τὴν δοκόν,**

28   b   **καὶ τότε διαβλέψεις**

29   c   **ἐκβαλεῖν / τὸ κάρφος** □ ***ἐκ τοῦ ὀφθαλμοῦ τοῦ ἀδελφοῦ σου.**

1   Lc 6,37-42

2

3 37a   καὶ **μὴ κρίνετε**, *καὶ οὐ **μὴ κριθῆτε·**

4   □

5   b   καὶ μὴ καταδικάζετε, καὶ οὐ μὴ καταδικασθῆτε.

6   c   ἀπολύετε,   καὶ ἀπολυθήσεσθε·

7 38a   δίδοτε,   καὶ δοθήσεται ὑμῖν·

8   b   μέτρον καλὸν πεπιεσμένον σεσαλευμένον ὑπερεκχυννόμενον

9   c   δώσουσιν εἰς τὸν κόλπον ὑμῶν·

10   d   □ **ᾧ γὰρ μέτρῳ μετρεῖτε** ***ἀντιμετρηθήσεται ὑμῖν.**

11

12 39a   εἶπεν δὲ καὶ παραβολὴν αὐτοῖς·

13   □

14   b   μήτι δύναται **τυφλὸς τυφλὸν ὁδηγεῖν;**

15   c   οὐχὶ **ἀμφότεροι εἰς βόθυνον** ***ἐμπεσοῦνται;**

16

17 40a   **οὐκ ἔστιν μαθητὴς ὑπὲρ τὸν διδάσκαλον·**

18   □

19   b   κατηρτισμένος δὲ πᾶς □ ***ἔσται ὡς ὁ διδάσκαλος αὐτοῦ.**

20   □

21

22 41a   **τί δὲ βλέπεις τὸ κάρφος τὸ ἐν τῷ ὀφθαλμῷ τοῦ ἀδελφοῦ σου,**

23   b   **τὴν δὲ δοκὸν** / τὴν ἐν τῷ ***ἰδίῳ ὀφθαλμῷ οὐ κατανοεῖς;**

24 42a   □ **πῶς δύνασαι** ***λέγειν τῷ ἀδελφῷ σου·**

25   b   **ἀδελφέ, ἄφες ἐκβάλω τὸ κάρφος τὸ** ***ἐν τῷ ὀφθαλμῷ σου,**

26   c   αὐτὸς τὴν ἐν τῷ ὀφθαλμῷ σου / **δοκὸν οὐ βλέπων;**

27   d   **ὑποκριτά, ἔκβαλε πρῶτον τὴν δοκὸν** / ἐκ τοῦ ὀφθαλμοῦ σου,

28   e   **καὶ τότε διαβλέψεις**

29   f   **τὸ κάρφος τὸ** ***ἐν τῷ ὀφθαλμῷ τοῦ ἀδελφοῦ σου** / **ἐκβαλεῖν.**

1   Mt 7,16-20; 12,33-35

2

3 7,18a οὐ ▫ *δύναται **δένδρον** *ἀγαθὸν

4   b   **καρποὺς** *πονηροὺς / **ποιεῖν**

5   c οὐδὲ ▫ **δένδρον σαπρὸν**

6   d   **καρποὺς καλοὺς** / **ποιεῖν**.

7   19a *πᾶν ▫ **δένδρον** ...

8   16a *ἀπὸ τῶν **καρπῶν** *αὐτῶν *ἐπιγνώσεσθε αὐτούς.   20

9   b   *μήτι ▫ **συλλέγουσιν** / *ἀπὸ **ἀκανθῶν σταφυλὰς**

10   c   *ἢ   *ἀπὸ *τριβόλων **σῦκα** ▫;

11 12,35a ὁ **ἀγαθὸς ἄνθρωπος**

12   b   ἐκ τοῦ **ἀγαθοῦ θησαυροῦ** ▫*ἐκβάλλει ▫ **ἀγαθά**,

13   c καὶ ὁ **πονηρὸς ἄνθρωπος**

14   d   ἐκ τοῦ **πονηροῦ θησαυροῦ** *ἐκβάλλει ▫ **πονηρά**.

15   34b ἐκ γὰρ τοῦ **περισσεύματος** τῆς **καρδίας** τὸ **στόμα** ▫ / **λαλεῖ**.

16

17 7,17a οὕτως πᾶν **δένδρον** *ἀγαθὸν

18   b   **καρποὺς καλοὺς** / **ποιεῖ**,

19   c τὸ *δὲ **σαπρὸν** / **δένδρον**

20   d   **καρποὺς** *πονηροὺς / **ποιεῖ**.

21 12,33a ἢ ποιήσατε τὸ **δένδρον καλὸν**

22   b   καὶ τὸν **καρπὸν** αὐτοῦ **καλόν**,

23   c ἢ ποιήσατε τὸ **δένδρον σαπρὸν**

24   d   καὶ τὸν **καρπὸν** αὐτοῦ **σαπρόν·**

25   e ἐκ γὰρ τοῦ ▫ **καρποῦ** /

26   f   τὸ **δένδρον γινώσκεται**.

1 Lc 6,43-45

2

3 43a οὐ γάρ *ἐστιν δένδρον *καλὸν
4 b   ποιοῦν / καρπὸν *σαπρόν,
5 c οὐδὲ πάλιν δένδρον σαπρὸν
6 d   ποιοῦν / καρπὸν καλόν.
7 44a *ἕκαστον γὰρ δένδρον
8 b   *ἐκ τοῦ *ἰδίου καρποῦ *γινώσκεται·
9 c   *οὐ γὰρ *ἐξ ἀκανθῶν / συλλέγουσιν σῦκα
10 d   *οὐδὲ *ἐκ *βάτου σταφυλὴν τρυγῶσιν.
11 45a ὁ ἀγαθὸς ἄνθρωπος
12 b   ἐκ τοῦ ἀγαθοῦ θησαυροῦ τῆς καρδίας *προφέρει τὸ ἀγαθόν,
13 c καὶ ὁ πονηρὸς □
14 d   ἐκ τοῦ πονηροῦ □   *προφέρει τὸ πονηρόν·
15 e ἐκ γὰρ □ περισσεύματος □ καρδίας λαλεῖ / τὸ στόμα αὐτοῦ.

16

17   43a
18   d
19   c
20   b
21   43a
22   d
23   c
24   b
25   44b
26   ab

1   **Mt 7,21.24-27**

2

3 21a οὐ πᾶς ὁ *λέγων μοι· **κύριε κύριε**,

4   b   εἰσελεύσεται εἰς τὴν βασιλείαν τῶν οὐρανῶν,

5   c   ἀλλ᾽ ὁ **ποιῶν**

6   d   τὸ θέλημα τοῦ πατρός μου τοῦ ἐν τοῖς οὐρανοῖς.

7 24a **πᾶς** οὖν *ὅστις ◻ **ἀκούει μου** τοὺς λόγους τούτους

8   b   **καὶ ποιεῖ αὐτούς**,

9   ◻

10 c   ***ὁμοιωθήσεται** *ἀνδρὶ φρονίμῳ,

11 d   *ὅστις ᾠ**κοδόμησεν** αὐτοῦ τὴν **οἰκίαν**

12   ◻

13 e   ◻ 25f **ἐπὶ τὴν πέτραν·**

14 25a ***καὶ *κατέβη ἡ *βροχὴ

15   b   καὶ ἦλθον **οἱ ποταμοὶ**

16   c   καὶ ἔπνευσαν οἱ ἄνεμοι

17   d   καὶ *προσέπεσαν **τῇ οἰκίᾳ ἐκείνῃ.**

18   e   **καὶ οὐκ** *ἔπεσεν,

19   f   *τεθεμελίωτο *γὰρ ἐπὶ τὴν πέτραν.

20 26a ***καὶ πᾶς ὁ ἀκούων** μου τοὺς λόγους τούτους

21   b   **καὶ μὴ ποιῶν αὐτοὺς**

22   c   ***ὁμοιωθήσεται** *ἀνδρὶ μωρῷ,

23   d   ὅστις ᾠκοδόμησεν αὐτοῦ τὴν **οἰκίαν**

24   e   **ἐπὶ τὴν** *ἄμμον·

25 27a καὶ κατέβη ἡ βροχὴ

26   b   καὶ ἦλθον **οἱ ποταμοὶ**

27   c   καὶ ἔπνευσαν οἱ ἄνεμοι

28   d   καὶ *προσέκοψαν **τῇ οἰκίᾳ ἐκείνῃ,**

29   e   **καὶ** ◻ *ἔπεσεν

30   f   **καὶ** *ἦν ἡ *πτῶσις *αὐτῆς **μεγάλη.**

1   Lc 6,46-49

2

3   46a   τί δέ με *καλεῖτε· **κύριε κύριε,**

4   □

5   b   καὶ οὐ **ποιεῖτε**

6   c   ἃ λέγω;

7   47a   **πᾶς** □ *ὁ ἐρχόμενος πρός με καὶ **ἀκούων μου** τῶν λόγων □

8   b   **καὶ ποιῶν αὐτούς,**

9   c   ὑποδείξω ὑμῖν τίνι ἐστὶν ὅμοιος·

10   48a   ***ὅμοιός** ἐστιν ***ἀνθρώπῳ** □

11   b   οἰ**κοδομ**οῦντι □ **οἰκίαν**

12   c   *ὃς ἔσκαψεν καὶ ἐβάθυνεν

13   d   καὶ ἔθηκεν θεμέλιον **ἐπὶ τὴν πέτραν·**

14   e   *πλημμύρης *δὲ *γενομένης

15   f   *προσέρηξεν **ὁ ποταμὸς**

16   □

17   g   48f **τῇ οἰκίᾳ ἐκείνῃ,**

18   h   **καὶ οὐκ ἴσχυσεν** *σαλεῦσαι αὐτὴν

19   i   *διὰ τὸ καλῶς *οἰκοδομῆσθαι αὐτήν.

20   49a   □ **ὁ** *δὲ **ἀκούσας** □

21   b   **καὶ μὴ ποιήσας** □

22   c   ***ὅμοιός** ἐστιν ***ἀνθρώπῳ** □

23   d   □ οἰ**κοδομ**ήσαντι □ **οἰκίαν**

24   e   **ἐπὶ τὴν** *γῆν χωρὶς θεμελίου,

25   □

26   f   ᾗ *προσέρηξεν **ὁ ποταμός,**

27   □

28   □   49fh

29   g   **καὶ** εὐθὺς *συνέπεσεν

30   h   **καὶ** *ἐγένετο τὸ *ῥῆγμα *τῆς **οἰκίας ἐκείνης** μέγα.

1 Mt 7,28a; 8,5-10.13

2

3 28a καὶ ἐγένετο

4 b *ὅτε *ἐτέλεσεν ὁ Ἰησοῦς ◻ τοὺς *λόγους *τούτους...

5

6 8,5a **εἰσελθόντος δὲ αὐτοῦ εἰς Καφαρναοὺμ**

7 5b, 6b

8 6c

9

10

11 b ***προσῆλθεν αὐτῷ ἑκατόνταρχος**

12 6a ***παρακαλῶν αὐτὸν** ' καὶ λέγων·

13 b κύριε, ὁ *παῖς μου βέβληται ἐν τῇ οἰκίᾳ *παραλυτικός,

14 c δεινῶς *βασανιζόμενος.

15 7a καὶ λέγει αὐτῷ·

16 b ἐγὼ **ἐλθὼν** *θεραπεύσω *αὐτόν.

17

18 6a

19

20

21

22

23 8a *καὶ ἀποκριθεὶς

24 ◻

25 b ὁ ***ἑκατόνταρχος** *ἔφη ◻·

26 c **κύριε,** ◻

27 d **οὐκ** ◻ **εἰμὶ / ἱκανὸς ἵνα μου / ὑπὸ τὴν στέγην εἰσέλθῃς,**

28 ◻

29 e **ἀλλὰ μόνον εἰπὲ λόγῳ, καὶ ἰαθήσεται ὁ παῖς μου.**

30 9a **καὶ γὰρ ἐγὼ ἄνθρωπός εἰμι ὑπὸ ἐξουσίαν** ◻,

31 b **ἔχων ὑπ' ἐμαυτὸν στρατιώτας,**

32 c **καὶ λέγω τούτῳ· πορεύθητι, καὶ πορεύεται,**

33 d **καὶ ἄλλῳ· ἔρχου, καὶ ἔρχεται,**

34 e **καὶ τῷ δούλῳ μου· ποίησον τοῦτο, καὶ ποιεῖ.**

35 10a **ἀκούσας δὲ** ◻ **ὁ Ἰησοῦς ἐθαύμασεν** ◻

36 b **καὶ** ◻ **εἶπεν / τοῖς ἀκολουθοῦσιν** ◻·

37 c **ἀμὴν λέγω ὑμῖν,**

38 d **παρ' *οὐδενὶ τοσαύτην πίστιν / ἐν τῷ Ἰσραὴλ εὗρον.**

39 13a καὶ εἶπεν ὁ Ἰησοῦς τῷ ἑκατοντάρχῃ·

40 b ὕπαγε, ὡς ἐπίστευσας γενηθήτω σοι.

41 c **καὶ** ◻

42 d *ἰάθη ὁ *παῖς αὐτοῦ ἐν τῇ ὥρᾳ ἐκείνῃ.

1 　 Lc 7,1-10

2

3 　 □

4 1a *ἐπειδὴ *ἐπλήρωσεν □ πάντα τὰ *ῥήματα *αὐτοῦ

5 b 　 εἰς τὰς ἀκοὰς τοῦ λαοῦ,

6 c 　 **εἰσῆλθεν** □ **εἰς Καφαρναούμ.**

7 2a **ἑκατοντάρχου** δέ τινος *δοῦλος *κακῶς ἔχων

8 b 　 ἤμελλεν *τελευτᾶν,

9 c 　 ὃς ἦν αὐτῷ ἔντιμος.

10 3a ἀκούσας δὲ περὶ τοῦ Ἰησοῦ

11 b *ἀπέστειλεν πρὸς **αὐτὸν** πρεσβυτέρους τῶν Ἰουδαίων

12 c *ἐρωτῶν **αὐτὸν** 4b

13 　 2a

14 　 2b

15

16 d 　 ὅπως ἐλθὼν *διασώσῃ τὸν *δοῦλον αὐτοῦ.

17 4a οἱ δὲ παραγενόμενοι πρὸς τὸν Ἰησοῦν

18 b **παρεκάλουν αὐτὸν** σπουδαίως λέγοντες ὅτι

19 c 　 ἄξιός ἐστιν ᾧ παρέξῃ τοῦτο·

20 5a 　 ἀγαπᾷ γὰρ τὸ ἔθνος ἡμῶν

21 b 　 καὶ τὴν συναγωγὴν αὐτὸς ᾠκοδόμησεν ἡμῖν.

22 6a 　 ὁ δὲ Ἰησοῦς ἐπορεύετο σὺν αὐτοῖς.

23 b ἤδη *δὲ αὐτοῦ οὐ μακρὰν ἀπέχοντος ἀπὸ τῆς οἰκίας

24 c ἔπεμψεν φίλους

25 d **ὁ *ἑκατοντάρχης *λέγων αὐτῷ·**

26 e **κύριε, μὴ σκύλλου,**

27 f **οὐ γὰρ ἱκανός** / **εἰμι ἵνα ὑπὸ τὴν στέγην** / **μου εἰσέλθῃς·**

28 7a διὸ οὐδὲ ἐμαυτὸν ἠξίωσα πρὸς σὲ ἐλθεῖν·

29 b **ἀλλὰ** □ **εἰπὲ λόγῳ, καὶ ἰαθήτω ὁ παῖς μου.**

30 8a **καὶ γὰρ ἐγὼ ἄνθρωπός εἰμι ὑπὸ ἐξουσίαν τασσόμενος**

31 b **ἔχων ὑπ' ἐμαυτὸν στρατιώτας,**

32 c **καὶ λέγω τούτῳ· πορεύθητι, καὶ πορεύεται,**

33 d **καὶ ἄλλῳ· ἔρχου, καὶ ἔρχεται,**

34 e **καὶ τῷ δούλῳ μου· ποίησον τοῦτο, καὶ ποιεῖ.**

35 9a ἀκούσας δὲ ταῦτα ὁ **Ἰησοῦς ἐθαύμασεν** αὐτὸν

36 b **καὶ** στραφεὶς τῷ **ἀκολουθοῦντι** αὐτῷ ὄχλῳ / **εἶπεν·**

37 c 　 □ **λέγω ὑμῖν,**

38 d 　 *οὐδὲ ἐν τῷ Ἰσραὴλ / τοσαύτην πίστιν εὗρον.

39 　 □

40 　 □

41 10a **καὶ** ὑποστρέψαντες εἰς τὸν οἶκον οἱ πεμφθέντες

42 b εὗρον τὸν *δοῦλον *ὑγιαίνοντα.

1　　Mt 11,2-6

2

3　2a ὁ *δὲ Ἰωάννης ἀκούσας ἐν τῷ δεσμωτηρίῳ τὰ *ἔργα τοῦ Χριστοῦ

4

5　b　　πέμψας διὰ τῶν μαθητῶν αὐτοῦ □

6　3a　　　　*εἶπεν αὐτῷ·

7　b　　σὺ εἶ ὁ ἐρχόμενος ἢ *ἕτερον προσδοκῶμεν;

8　　　□

9　　2ab

10　　3a

11　　3b

12　　□

13　　□

14　　□

15　4a καὶ ἀποκριθεὶς ὁ Ἰησοῦς εἶπεν αὐτοῖς·

16　b　　πορευθέντες ἀπαγγείλατε Ἰωάννῃ ἃ ἀκούετε / καὶ / *βλέπετε·

17　5a　　τυφλοὶ ἀναβλέπουσιν καὶ χωλοὶ περιπατοῦσιν,

18　b　　λεπροὶ καθαρίζονται καὶ κωφοὶ ἀκούουσιν,

19　c　　καὶ νεκροὶ ἐγείρονται καὶ πτωχοὶ εὐαγγελίζονται·

20　6　　καὶ μακάριός ἐστιν ὃς ἐὰν μὴ σκανδαλισθῇ ἐν ἐμοί.

21

22　　Mt 11,7-11

23

24　7a *τούτων δὲ *πορευομένων

25　b　ἤρξατο ὁ Ἰησοῦς λέγειν □ τοῖς ὄχλοις περὶ Ἰωάννου·

26　c τί ἐξήλθατε εἰς τὴν ἔρημον θεάσασθαι;

27　d　κάλαμον ὑπὸ ἀνέμου σαλευόμενον;

28　8a ἀλλὰ τί ἐξήλθατε ἰδεῖν;

29　b　ἄνθρωπον ἐν μαλακοῖς □ ἠμφιεσμένον;

30　c　ἰδοὺ οἱ τὰ *μαλακὰ *φοροῦντες

31　d　ἐν τοῖς *οἴκοις τῶν βασιλέων εἰσίν.

32　9a ἀλλὰ τί ἐξήλθατε ἰδεῖν;

33　b　προφήτην;

34　c　ναὶ λέγω ὑμῖν, καὶ περισσότερον προφήτου.

35　10a οὗτός ἐστιν περὶ οὗ γέγραπται·

36　b　ἰδοὺ ἐγὼ ἀποστέλλω τὸν ἄγγελόν μου πρὸ προσώπου σου,

37　c　ὃς κατασκευάσει τὴν ὁδόν σου ἔμπροσθέν σου.

38　11a ἀμὴν λέγω ὑμῖν·

39　b　*οὐκ *ἐγήγερται / ἐν γεννητοῖς γυναικῶν /

40　c　μείζων Ἰωάννου τοῦ βαπτιστοῦ·

41　d　ὁ δὲ μικρότερος ἐν τῇ βασιλείᾳ τῶν *οὐρανῶν

42　e　μείζων αὐτοῦ ἐστιν.

1   Lc 7,18-23

2

3 18a *καὶ ἀπήγγειλαν Ἰωάννῃ οἱ μαθηταὶ αὐτοῦ περὶ *πάντων τούτων.

4 b   καὶ προσκαλεσάμενος δύο τινὰς **τῶν μαθητῶν αὐτοῦ**

5 19a **ὁ Ἰωάννης** ᴵ ἔπεμψεν πρὸς τὸν κύριον

6 b   *λέγων □·

7 c   **σὺ εἶ ὁ ἐρχόμενος ἢ *ἄλλον προσδοκῶμεν;**

8 20a παραγενόμενοι δὲ πρὸς αὐτὸν οἱ ἄνδρες εἶπαν·

9 b   Ἰωάννης ὁ βαπτιστὴς ἀπέστειλεν ἡμᾶς πρὸς σὲ

10 c   λέγων·

11 d   σὺ εἶ ὁ ἐρχόμενος ἢ ἄλλον προσδοκῶμεν;

12 21a ἐν ἐκείνῃ τῇ ὥρᾳ ἐθεράπευσεν πολλοὺς

13 b   ἀπὸ νόσων καὶ μαστίγων καὶ πνευμάτων πονηρῶν

14 c   καὶ τυφλοῖς πολλοῖς ἐχαρίσατο βλέπειν.

15 22a **καὶ ἀποκριθεὶς □ εἶπεν αὐτοῖς·**

16 b   **πορευθέντες ἀπαγγείλατε Ἰωάννῃ ἃ *εἴδετε / καὶ / ἠκούσατε·**

17 c   **τυφλοὶ ἀναβλέπουσιν,** □ **χωλοὶ περιπατοῦσιν,**

18 d   **λεπροὶ καθαρίζονται καὶ κωφοὶ ἀκούουσιν,**

19 e   □ **νεκροὶ ἐγείρονται,** □ **πτωχοὶ εὐαγγελίζονται·**

20 23a **καὶ μακάριός ἐστιν ὃς ἐὰν μὴ σκανδαλισθῇ ἐν ἐμοί.**

21

22   Lc 7,24-28

23

24 24a *ἀπελθόντων δὲ τῶν *ἀγγέλων Ἰωάννου

25 b   **ἤρξατο** □ **λέγειν πρὸς τοὺς ὄχλους περὶ** Ἰωάννου·

26 c   **τί ἐξήλθατε εἰς τὴν ἔρημον θεάσασθαι;**

27 d   **κάλαμον ὑπὸ ἀνέμου σαλευόμενον;**

28 25a **ἀλλὰ τί ἐξήλθατε ἰδεῖν;**

29 b   **ἄνθρωπον ἐν μαλακοῖς ἱματίοις ἠμφιεσμένον;**

30 c   **ἰδοὺ οἱ ἐν ἱματισμῷ *ἐνδόξῳ καὶ τρυφῇ *ὑπάρχοντες**

31 d   **ἐν τοῖς *βασιλείοις εἰσίν.**

32 26a **ἀλλὰ τί ἐξήλθατε ἰδεῖν;**

33 b   **προφήτην;**

34 c   **ναὶ λέγω ὑμῖν, καὶ περισσότερον προφήτου.**

35 27a **οὗτός ἐστιν περὶ οὗ γέγραπται·**

36 b   **ἰδοὺ** □ **ἀποστέλλω τὸν ἄγγελόν μου πρὸ προσώπου σου,**

37 c   **ὃς κατασκευάσει τὴν ὁδόν σου ἔμπροσθέν σου.**

38 28a □ **λέγω ὑμῖν,**

39 b   **μείζων / ἐν γεννητοῖς γυναικῶν**

40 c   Ἰωάννου □ / *οὐδείς *ἐστιν·

41 d   **ὁ δὲ μικρότερος ἐν τῇ βασιλείᾳ τοῦ *θεοῦ**

42 e   **μείζων αὐτοῦ ἐστιν.**

1   Mt 11,16-19

2

3 16a   τίνι *δὲ ὁμοιώσω ▫ τὴν γενεὰν ταύτην;
4   b ▫
5   c   ὁμοία ἐστὶν παιδίοις ▫ καθημένοις / ἐν ταῖς ἀγοραῖς
6   d   ἃ προσφωνοῦντα τοῖς *ἑτέροις
7 17a   λέγουσιν·
8   b   ηὐλήσαμεν ὑμῖν καὶ οὐκ ὠρχήσασθε,
9   c   ἐθρηνήσαμεν καὶ οὐκ *ἐκόψασθε.
10 18a   ἦλθεν γὰρ Ἰωάννης ▫
11   b   *μήτε ἐσθίων ▫ μήτε πίνων ▫,
12   c   καὶ λέγουσιν· δαιμόνιον ἔχει.
13 19a   ἦλθεν ὁ υἱὸς τοῦ ἀνθρώπου
14   b   ἐσθίων καὶ πίνων,
15   c   καὶ λέγουσιν· ἰδοὺ ἄνθρωπος φάγος καὶ οἰνοπότης,
16   d   τελωνῶν / φίλος καὶ ἁμαρτωλῶν.
17   e   καὶ ἐδικαιώθη ἡ σοφία ἀπὸ ▫ τῶν *ἔργων αὐτῆς.

18

19   Mt 8,19-22

20

21 19a κ αὶ ▫
22   b   προσελθὼν *εἷς γραμματεὺς / εἶπεν αὐτῷ·
23   c   διδάσκαλε, ἀκολουθήσω σοι ὅπου ἐὰν ἀπέρχῃ.
24 20a κ αὶ *λέγει αὐτῷ ὁ Ἰησοῦς·
25   b   αἱ ἀλώπεκες φωλεοὺς ἔχουσιν
26   c   καὶ τὰ πετεινὰ τοῦ οὐρανοῦ κατασκηνώσεις,
27   d   ὁ δὲ υἱὸς τοῦ ἀνθρώπου οὐκ ἔχει ποῦ τὴν κεφαλὴν κλίνῃ.
28   ▫
29   22b
30 21a *ἕτερος δὲ τῶν μαθητῶν αὐτοῦ εἶπεν αὐτῷ·
31   b   κύριε, ἐπίτρεψόν μοι
32   c   πρῶτον / ἀπελθεῖν καὶ θάψαι τὸν πατέρα μου.
33 22a ὁ δὲ Ἰησοῦς *λέγει αὐτῷ·
34   b   ἀκολούθει μοι
35   c   καὶ ἄφες τοὺς νεκροὺς θάψαι τοὺς ἑαυτῶν νεκρούς.
36   ▫
37   21a
38   19c
39   21bc
40   22a

1 Lc 7,31-35

2

3 31a τίνι *οὖν ὁμοιώσω τοὺς ἀνθρώπους τῆς γενεᾶς ταύτης
4   b καὶ τίνι εἰσὶν ὅμοιοι;
5 32a ὅμοιοί εἰσιν παιδίοις τοῖς ἐν □ ἀγορᾷ / καθημένοις
6   b καὶ προσφωνοῦσιν *ἀλλήλοις
7   c ἃ λέγει·
8   d ηὐλήσαμεν ὑμῖν καὶ οὐκ ὠρχήσασθε,
9   e ἐθρηνήσαμεν καὶ οὐκ *ἐκλαύσατε.
10 33a ἐλήλυθεν γὰρ Ἰωάννης ὁ βαπτιστὴς
11   b *μὴ ἐσθίων ἄρτον μήτε πίνων οἶνον,
12   c καὶ λέγετε· δαιμόνιον ἔχει.
13 34a ἐλήλυθεν ὁ υἱὸς τοῦ ἀνθρώπου
14   b ἐσθίων καὶ πίνων,
15   c καὶ λέγετε· ἰδοὺ ἄνθρωπος φάγος καὶ οἰνοπότης,
16   d φίλος / τελωνῶν καὶ ἁμαρτωλῶν.
17 35 καὶ ἐδικαιώθη ἡ σοφία ἀπὸ πάντων τῶν *τέκνων αὐτῆς.

18

19 Lc 9,57-62

20

21 57a καὶ πορευομένων αὐτῶν ἐν τῇ ὁδῷ
22   b □ εἶπέν / *τις □ πρὸς αὐτόν·
23   c □ ἀκολουθήσω σοι ὅπου ἐὰν ἀπέρχῃ.
24 58a καὶ *εἶπεν αὐτῷ ὁ Ἰησοῦς·
25   b αἱ ἀλώπεκες φωλεοὺς ἔχουσιν
26   c καὶ τὰ πετεινὰ τοῦ οὐρανοῦ κατασκηνώσεις,
27   d ὁ δὲ υἱὸς τοῦ ἀνθρώπου οὐκ ἔχει ποῦ τὴν κεφαλὴν κλίνῃ.
28 59a εἶπεν δὲ πρὸς ἕτερον·
29   b ἀκολούθει μοι.
30   c *ὁ δὲ □ εἶπεν □·
31   d κύριε, ἐπίτρεψόν μοι
32   e ἀπελθόντι / πρῶτον □ θάψαι τὸν πατέρα μου.
33 60a □ *εἶπεν δὲ αὐτῷ·
34 59b
35   b □ ἄφες τοὺς νεκροὺς θάψαι τοὺς ἑαυτῶν νεκρούς,
36   c σὺ δὲ ἀπελθὼν διάγγελλε τὴν βασιλείαν τοῦ θεοῦ.
37 61a εἶπεν δὲ καὶ ἕτερος·
38   b ἀκολουθήσω σοι, κύριε·
39   c πρῶτον δὲ ἐπίτρεψόν μοι ἀποτάξασθαι τοῖς εἰς τὸν οἶκόν μου.
40 62a εἶπεν δὲ πρὸς αὐτὸν ὁ Ἰησοῦς·
41   b οὐδεὶς ἐπιβαλὼν τὴν χεῖρα ἐπ' ἄροτρον
42   c καὶ βλέπων εἰς τὰ ὀπίσω
43   d εὔθετός ἐστιν τῇ βασιλείᾳ τοῦ θεοῦ.

1   Mt 9,37-38; 10,7-16

2

3   37a   *τότε λέγει τοῖς *μαθηταῖς αὐτοῦ·

4   b   ὁ μὲν θερισμὸς πολύς, οἱ δὲ ἐργάται ὀλίγοι·

5   38a   δεήθητε οὖν τοῦ κυρίου τοῦ θερισμοῦ

6   b   ὅπως ἐκβάλῃ / ἐργάτας εἰς τὸν θερισμὸν αὐτοῦ.

7   10,7-16

8   16a   □ ἰδοὺ ἐγὼ ἀποστέλλω ὑμᾶς ὡς *πρόβατα ἐν μέσῳ λύκων·

9   b   γίνεσθε οὖν φρόνιμοι ὡς οἱ ὄφεις καὶ ἀκέραιοι ὡς αἱ περιστεραί.

10   9a   μὴ *κτήσησθε *χρυσὸν μηδὲ ἄργυρον μηδὲ χαλκὸν

11   b   εἰς τὰς ζώνας ὑμῶν,

12   10a   μὴ πήραν εἰς ὁδὸν

13   b   μηδὲ δύο χιτῶνας *μηδὲ ὑποδήματα μηδὲ ῥάβδον·

14   □ 10a 12

15   11a   εἰς ἣν δ᾽ ἂν πόλιν ἢ κώμην εἰσέλθητε,

16   b   ἐξετάσατε τίς ἐν αὐτῇ ἄξιός ἐστιν·

17   c   κἀκεῖ μείνατε ἕως ἂν ἐξέλθητε.

18   12   εἰσερχόμενοι δὲ εἰς τὴν οἰκίαν *ἀσπάσασθε αὐτήν·

19   □ 13c

20   13a   καὶ ἐὰν μὲν □ ᾖ ἡ οἰκία ἀξία,

21   b   *ἐλθάτω ἡ εἰρήνη ὑμῶν / ἐπ᾽ αὐτήν,

22   c   *ἐὰν δὲ μὴ □ ᾖ ἀξία, ἡ εἰρήνη ὑμῶν *πρὸς ὑμᾶς *ἐπιστραφήτω.

23   □ 11c

24   10c   ἄξιος γὰρ ὁ ἐργάτης τῆς *τροφῆς αὐτοῦ.

25   □

26   □ 11a

27   □

28   8a   □ *ἀσθενοῦντας / θεραπεύετε,

29   b   νεκροὺς ἐγείρετε, λεπροὺς καθαρίζετε, δαιμόνια ἐκβάλλετε·

30   c   δωρεὰν ἐλάβετε, δωρεὰν δότε.

31   7a   πορευόμενοι *δὲ κηρύσσετε λέγοντες □ ὅτι

32   b   ἤγγικεν □ ἡ βασιλεία τῶν *οὐρανῶν.

33   14a   □ καὶ ὃς ἂν μὴ δέξηται ὑμᾶς μηδὲ ἀκούσῃ τοὺς λόγους ὑμῶν,

34   b   ἐξερχόμενοι *ἔξω τῆς οἰκίας ἢ τῆς πόλεως ἐκείνης □

35   c   □ *ἐκτινάξατε / τὸν κονιορτὸν

36   d   □ τῶν ποδῶν ὑμῶν.

37   14c

38   □

39   15a   ἀμὴν λέγω ὑμῖν □,

40   b   ἀνεκτότερον ἔσται / γῇ Σοδόμων καὶ Γομόρρων ἐν □ ἡμέρᾳ *κρίσεως

41   c   ἢ τῇ πόλει ἐκείνῃ.

₁ Lc 10,2-12

₂

₃ 2a ἔλεγεν *δὲ πρὸς *αὐτούς·
₄ b ὁ μὲν θερισμὸς πολύς, οἱ δὲ ἐργάται ὀλίγοι·
₅ c δεήθητε οὖν τοῦ κυρίου τοῦ θερισμοῦ
₆ d ὅπως ἐργάτας / ἐκβάλῃ εἰς τὸν θερισμὸν αὐτοῦ.

₇

₈ 3 ὑπάγετε· ἰδοὺ □ ἀποστέλλω ὑμᾶς ὡς *ἄρνας ἐν μέσῳ λύκων.

₉ □

₁₀ 4a **μὴ** *βαστάζετε *βαλλάντιον □,

₁₁ □

₁₂ b **μὴ πήραν** □,

₁₃ c □ ***μὴ ὑποδήματα** □,

₁₄ d καὶ μηδένα κατὰ τὴν **ὁδὸν ἀσπάσησθε.**

₁₅ 5a **εἰς ἣν** δ’ **ἂν** 8a □ **εἰσέλθητε**

₁₆ □

₁₇ □ 7a

₁₈ b □ **οἰκίαν,** πρῶτον *λέγετε·

₁₉ c **εἰρήνη** τῷ οἴκῳ τούτῳ.

₂₀ 6a **καὶ ἐὰν** □ ἐκεῖ **ᾖ** υἱὸς εἰρήνης,

₂₁ b *ἐπαναπαήσεται ἐπ’ αὐτὸν / ἡ εἰρήνη ὑμῶν·

₂₂ c *εἰ δὲ μή γε □, □ *ἐφ’ ὑμᾶς *ἀνακάμψει.

₂₃ 7a ἐν αὐτῇ δὲ τῇ οἰκίᾳ **μένετε** ἐσθίοντες καὶ πίνοντες τὰ παρ’ αὐτῶν·

₂₄ b **ἄξιος γὰρ ὁ ἐργάτης** τοῦ *μισθοῦ **αὐτοῦ.**

₂₅ c μὴ μεταβαίνετε ἐξ οἰκίας εἰς οἰκίαν.

₂₆ 8a **καὶ εἰς ἣν ἂν πόλιν** εἰσέρχησθε **καὶ** δέχωνται ὑμᾶς,

₂₇ b ἐσθίετε τὰ παρατιθέμενα ὑμῖν

₂₈ 9a **καὶ θεραπεύετε** / τοὺς ἐν αὐτῇ *ἀσθενεῖς

₂₉ □

₃₀ □

₃₁ b □ ***καὶ** □ **λέγετε** αὐτοῖς □·

₃₂ c **ἤγγικεν ἐφ’ ὑμᾶς ἡ βασιλεία** τοῦ *θεοῦ.

₃₃ 10a **εἰς ἣν** δ’ **ἂν πόλιν** εἰσέλθητε **καὶ μὴ δέχωνται ὑμᾶς** □,

₃₄ b ἐξελθόντες εἰς τὰς πλατείας αὐτῆς εἴπατε·

₃₅ 11a **καὶ τὸν κονιορτὸν**

₃₆ b τὸν κολληθέντα ἡμῖν *ἐκ **τῆς πόλεως** ὑμῶν εἰς τοὺς **πόδας**

₃₇ c / *ἀπομασσόμεθα ὑμῖν·

₃₈ d πλὴν τοῦτο γινώσκετε ὅτι ἤγγικεν ἡ βασιλεία τοῦ θεοῦ.

₃₉ 12a □ **λέγω ὑμῖν ὅτι**

₄₀ b □ **Σοδόμοις** □ **ἐν τῇ ἡμέρᾳ** *ἐκείνῃ / **ἀνεκτότερον ἔσται**

₄₁ c **ἢ τῇ πόλει ἐκείνῃ.**

1   Mt 11,21-23

2

3 21a οὐαί σοι, Χοραζίν, οὐαί σοι, Βηθσαϊδά·

4   b   ὅτι εἰ ἐν Τύρῳ καὶ Σιδῶνι ἐγένοντο αἱ δυνάμεις

5   c   αἱ γενόμεναι ἐν ὑμῖν,

6   d   πάλαι ἂν ἐν σάκκῳ καὶ σποδῷ □ μετενόησαν.

7 22a πλὴν λέγω ὑμῖν,

8   b   Τύρῳ καὶ Σιδῶνι ἀνεκτότερον ἔσται ἐν □ ἡμέρᾳ κρίσεως

9   c   ἢ ὑμῖν.

10 23a καὶ σύ, Καφαρναούμ, μὴ ἕως οὐρανοῦ ὑψωθήσῃ;

11   b   ἕως □ ᾅδου καταβήσῃ.

12

13   Mt 10,40

14

15 40a ὁ *δεχόμενος ὑμᾶς ἐμὲ *δέχεται,

16   □

17   b   *καὶ ὁ ἐμὲ *δεχόμενος

18   c   *δέχεται τὸν ἀποστείλαντά με.

19

20   Mt 11,25-27; 13,16-17

21

22 25a ἐν *ἐκείνῳ τῷ *καιρῷ □

23   b   □ ἀποκριθεὶς ὁ Ἰησοῦς εἶπεν·

24   c   ἐξομολογοῦμαί σοι, πάτερ, κύριε τοῦ οὐρανοῦ καὶ τῆς γῆς,

25   d   ὅτι *ἔκρυψας ταῦτα ἀπὸ σοφῶν καὶ συνετῶν

26   e   καὶ ἀπεκάλυψας αὐτὰ νηπίοις·

27 26a ναὶ ὁ πατήρ,

28   b   ὅτι οὕτως εὐδοκία ἐγένετο ἔμπροσθέν σου.

29 27a πάντα μοι παρεδόθη ὑπὸ τοῦ πατρός μου,

30   b   καὶ οὐδεὶς *ἐπιγινώσκει □ τὸν υἱὸν

31   c   εἰ μὴ ὁ πατήρ,

32   d   *οὐδὲ □ τὸν πατέρα τις ἐπιγινώσκει

33   e   εἰ μὴ ὁ υἱὸς

34   f   καὶ ᾧ ἐὰν βούληται ὁ υἱὸς ἀποκαλύψαι.

35 13,16-17

36 16a ὑμῶν δὲ μακάριοι οἱ ὀφθαλμοὶ

37   b   ὅτι βλέπουσιν □

38   c   καὶ τὰ ὦτα ὑμῶν

39   d   ὅτι ἀκούουσιν.

40 17a ἀμὴν γὰρ λέγω ὑμῖν ὅτι

41   b   πολλοὶ προφῆται καὶ *δίκαιοι *ἐπεθύμησαν

42   c   ἰδεῖν ἃ □ βλέπετε καὶ οὐκ εἶδαν,

43   d   καὶ ἀκοῦσαι ἃ ἀκούετε καὶ οὐκ ἤκουσαν.

1 Lc 10,13-15

2

3 13a οὐαί σοι, Χοραζίν, οὐαί σοι, Βηθσαϊδά·
4   b   ὅτι εἰ ἐν Τύρῳ καὶ Σιδῶνι ἐγενήθησαν αἱ δυνάμεις
5   c   αἱ γενόμεναι ἐν ὑμῖν,
6   d   πάλαι ἂν ἐν σάκκῳ καὶ σποδῷ καθήμενοι μετενόησαν.
7 14a πλὴν □
8   b   Τύρῳ καὶ Σιδῶνι ἀνεκτότερον ἔσται ἐν □ τῇ κρίσει
9   c   ἢ ὑμῖν.
10 15a καὶ σύ, Καφαρναούμ, μὴ ἕως οὐρανοῦ ὑψωθήσῃ;
11   b   ἕως τοῦ ᾅδου καταβήσῃ.

12

13 Lc 10,16

14

15 16a ὁ *ἀκούων ὑμῶν ἐμοῦ *ἀκούει,
16   b   καὶ ὁ ἀθετῶν ὑμᾶς ἐμὲ ἀθετεῖ·
17   c ὁ *δὲ ἐμὲ *ἀθετῶν
18   d   *ἀθετεῖ τὸν ἀποστείλαντά με.

19

20 Lc 10,21-24

21

22 21a ἐν *αὐτῇ τῇ *ὥρᾳ ἠγαλλιάσατο ἐν τῷ πνεύματι τῷ ἁγίῳ
23   b   καὶ □ εἶπεν·
24   c ἐξομολογοῦμαί σοι, πάτερ, κύριε τοῦ οὐρανοῦ καὶ τῆς γῆς,
25   d   ὅτι *ἀπέκρυψας ταῦτα ἀπὸ σοφῶν καὶ συνετῶν
26   e   καὶ ἀπεκάλυψας αὐτὰ νηπίοις·
27   f ναὶ ὁ πατήρ,
28   g   ὅτι οὕτως εὐδοκία ἐγένετο ἔμπροσθέν σου.
29 22a πάντα μοι παρεδόθη ὑπὸ τοῦ πατρός μου,
30   b   καὶ οὐδεὶς *γινώσκει τίς ἐστιν ὁ υἱὸς
31   c   εἰ μὴ ὁ πατήρ,
32   d   *καὶ τίς ἐστιν ὁ πατὴρ □
33   e   εἰ μὴ ὁ υἱὸς
34   f   καὶ ᾧ ἐὰν βούληται ὁ υἱὸς ἀποκαλύψαι.
35 23a καὶ στραφεὶς πρὸς τοὺς μαθητὰς κατ᾽ ἰδίαν εἶπεν·
36   b □ μακάριοι οἱ ὀφθαλμοὶ
37   c   οἱ βλέποντες ἃ βλέπετε.
38   □
39   □
40 24a □ λέγω γὰρ ὑμῖν ὅτι
41   b   πολλοὶ προφῆται καὶ *βασιλεῖς *ἠθέλησαν
42   c   ἰδεῖν ἃ ὑμεῖς βλέπετε καὶ οὐκ εἶδαν,
43   d   καὶ ἀκοῦσαι ἃ ἀκούετε καὶ οὐκ ἤκουσαν.

₁   Mt 6,9-13

₂

₃ 9a *οὕτως οὖν **προσεύχεσθε** ὑμεῖς □·

₄   b **πάτερ ἡμῶν** ὁ ἐν τοῖς οὐρανοῖς·

₅   c **ἁγιασθήτω τὸ ὄνομά σου**·

₆ 10a **ἐλθέτω ἡ βασιλεία σου**·

₇   b γενηθήτω τὸ θέλημά σου,

₈   c   ὡς ἐν οὐρανῷ καὶ ἐπὶ γῆς·

₉ 11a **τὸν ἄρτον ἡμῶν** τὸν ἐπιούσιον

₁₀ b   **δὸς ἡμῖν** *σήμερον·

₁₁ 12a **καὶ ἄφες ἡμῖν** τὰ *ὀφειλήματα **ἡμῶν**,

₁₂ b   *ὡς **καὶ** *ἡμεῖς ἀφήκαμεν *τοῖς *ὀφειλέταις **ἡμῶν**·

₁₃ 13a **καὶ μὴ εἰσενέγκῃς ἡμᾶς εἰς πειρασμόν,**

₁₄ b   ἀλλὰ ῥῦσαι ἡμᾶς ἀπὸ τοῦ πονηροῦ.

₁₅

₁₆

₁₇

₁₈   Mt 7,7-11

₁₉

₂₀   □

₂₁ 7a **αἰτεῖτε καὶ δοθήσεται ὑμῖν,**

₂₂   b **ζητεῖτε καὶ εὑρήσετε,**

₂₃   c **κρούετε καὶ ἀνοιγήσεται ὑμῖν·**

₂₄ 8a **πᾶς γὰρ ὁ αἰτῶν λαμβάνει**

₂₅   b **καὶ ὁ ζητῶν εὑρίσκει**

₂₆   c **καὶ τῷ κρούοντι ἀνοιγήσεται.**

₂₇ 9a *ἢ **τίς ἐστιν ἐξ ὑμῶν** □ *ἄνθρωπος, ὃν

₂₈   b **αἰτήσει ὁ υἱὸς** αὐτοῦ *ἄρτον,

₂₉   c   **μὴ** □ *λίθον **ἐπιδώσει** / αὐτῷ;

₃₀ 10a **ἢ καὶ** *ἰχθὺν / **αἰτήσει,**

₃₁   b   *μὴ *ὄφιν / **ἐπιδώσει** αὐτῷ;

₃₂ 11a **εἰ οὖν ὑμεῖς πονηροὶ** *ὄντες

₃₃   b **οἴδατε δόματα ἀγαθὰ διδόναι τοῖς τέκνοις ὑμῶν,**

₃₄   c **πόσῳ μᾶλλον ὁ πατὴρ ὑμῶν ὁ** *ἐν τοῖς **οὐρανοῖς**

₃₅   d **δώσει** *ἀγαθὰ **τοῖς αἰτοῦσιν αὐτόν.**

Lc 11,2-4

3 2b *ὅταν □ προσεύχησθε □ λέγετε·

4 c πάτερ □,

5 d ἁγιασθήτω τὸ ὄνομά σου·

6 e ἐλθέτω ἡ βασιλεία σου·

7 □

8 □

9 3a τὸν ἄρτον ἡμῶν τὸν ἐπιούσιον

10 b δίδου ἡμῖν τὸ καθ᾽ *ἡμέραν·

11 4a καὶ ἄφες ἡμῖν τὰς *ἁμαρτίας ἡμῶν,

12 b καὶ *γὰρ *αὐτοὶ ἀφίομεν *παντὶ *ὀφείλοντι ἡμῖν·

13 c καὶ μὴ εἰσενέγκῃς ἡμᾶς εἰς πειρασμόν.

14 □

Lc 11,9-13

20 9a κἀγὼ ὑμῖν λέγω,

21 b αἰτεῖτε καὶ δοθήσεται ὑμῖν,

22 c ζητεῖτε καὶ εὑρήσετε,

23 d κρούετε καὶ ἀνοιγήσεται ὑμῖν·

24 10a πᾶς γὰρ ὁ αἰτῶν λαμβάνει

25 b καὶ ὁ ζητῶν εὑρίσκει

26 c καὶ τῷ κρούοντι ἀνοιγήσεται.

27 11a τίνα *δὲ □ ἐξ ὑμῶν τὸν *πατέρα

28 b αἰτήσει ὁ υἱὸς □ *ἰχθύν,

29 c *καὶ ἀντὶ ἰχθύος *ὄφιν αὐτῷ / ἐπιδώσει;

30 12a ἢ καὶ αἰτήσει / *ᾠόν,

31 b □ ἐπιδώσει αὐτῷ / *σκορπίον;

32 13a εἰ οὖν ὑμεῖς πονηροὶ *ὑπάρχοντες

33 b οἴδατε δόματα ἀγαθὰ διδόναι τοῖς τέκνοις ὑμῶν,

34 c πόσῳ μᾶλλον ὁ πατὴρ □ ὁ *ἐξ □ οὐρανοῦ

35 d δώσει *πνεῦμα ἅγιον τοῖς αἰτοῦσιν αὐτόν.

1 Mt 12,22-30

2

3 22a *τότε προσηνέχθη αὐτῷ *δαιμονιζόμενος τυφλὸς καὶ κωφός,

4 b   *καὶ *ἐθεράπευσεν αὐτόν,

5 c   ὥστε τὸν κωφὸν / λαλεῖν καὶ βλέπειν.

6 23a καὶ *ἐξίσταντο πάντες οἱ ὄχλοι καὶ ἔλεγον·

7 b   μήτι οὗτός ἐστιν ὁ υἱὸς Δαυίδ;

8 24a οἱ δὲ *Φαρισαῖοι ἀκούσαντες εἶπον·

9 b   οὗτος οὐκ ἐκβάλλει τὰ δαιμόνια εἰ μὴ

10 c   / ἐν τῷ Βεελζεβοὺλ □ ἄρχοντι τῶν δαιμονίων.

11   □

12   12,38

13 25a □ εἰδὼς δὲ τὰς *ἐνθυμήσεις / αὐτῶν εἶπεν αὐτοῖς·

14 b   πᾶσα βασιλεία *μερισθεῖσα / *καθ᾽ ἑαυτῆς ἐρημοῦται

15 c   καὶ πᾶσα πόλις ἢ *οἰκία μερισθεῖσα *καθ᾽ ἑαυτῆς οὐ *σταθήσεται.

16 26a *καὶ εἰ ὁ σατανᾶς τὸν σατανᾶν ἐκβάλλει,

17 b   ἐφ᾽ ἑαυτὸν *ἐμερίσθη·

18 c   πῶς οὖν σταθήσεται ἡ βασιλεία αὐτοῦ;

19   □

20 27a *καὶ εἰ ἐγὼ ἐν Βεελζεβοὺλ ἐκβάλλω τὰ δαιμόνια,

21 b   οἱ υἱοὶ ὑμῶν ἐν τίνι ἐκβάλλουσιν;

22 c   διὰ τοῦτο αὐτοὶ κριταὶ ἔσονται / ὑμῶν.

23 28a εἰ δὲ ἐν *πνεύματι θεοῦ ἐγὼ ἐκβάλλω τὰ δαιμόνια,

24 b   ἄρα ἔφθασεν ἐφ᾽ ὑμᾶς ἡ βασιλεία τοῦ θεοῦ.

25 29a ἢ πῶς δύναταί τις *εἰσελθεῖν εἰς τὴν *οἰκίαν / τοῦ ἰσχυροῦ

26 b   καὶ τὰ *σκεύη αὐτοῦ ἁρπάσαι,

27 c   *ἐὰν μὴ πρῶτον *δήσῃ τὸν *ἰσχυρόν;

28   □

29 d   καὶ τότε τὴν *οἰκίαν αὐτοῦ *διαρπάσει.

30 30a ὁ μὴ ὢν μετ᾽ ἐμοῦ κατ᾽ ἐμοῦ ἐστιν,

31 b   καὶ ὁ μὴ συνάγων μετ᾽ ἐμοῦ σκορπίζει.

32

33   Mt 9,32-34

34

35 32a αὐτῶν δὲ ἐξερχομένων

36 b   ἰδοὺ προσήνεγκαν αὐτῷ ἄνθρωπον κωφὸν *δαιμονιζόμενον

37 33a καὶ *ἐκβληθέντος τοῦ δαιμονίου ἐλάλησεν ὁ κωφός.

38 b   καὶ ἐθαύμασαν οἱ ὄχλοι λέγοντες·

39 c   οὐδέποτε ἐφάνη οὕτως ἐν τῷ Ἰσραήλ.

40 34a οἱ δὲ *Φαρισαῖοι *ἔλεγον·

41 b   ἐν □ τῷ ἄρχοντι τῶν δαιμονίων ἐκβάλλει τὰ δαιμόνια.

Lc 11,14-23

3   14a   *καὶ ἦν ἐκβάλλων *δαιμόνιον καὶ αὐτὸ ἦν □ κωφόν·
4   b   ἐγένετο *δὲ τοῦ δαιμονίου *ἐξελθόντος
5   c   ἐλάλησεν / ὁ κωφὸς □
6   d   καὶ *ἐθαύμασαν □ οἱ ὄχλοι □.

7   □

8   15a   *τινὲς δὲ ἐξ αὐτῶν □ εἶπον·
9   b   □ ἐν □ Βεελζεβοὺλ τῷ ἄρχοντι τῶν δαιμονίων □
10   c   / ἐκβάλλει τὰ δαιμόνια·
11 16a   ἕτεροι δὲ πειράζοντες
12   b   σημεῖον ἐξ οὐρανοῦ ἐζήτουν παρ᾽ αὐτοῦ.
13 17a   αὐτὸς δὲ εἰδὼς αὐτῶν / τὰ *διανοήματα εἶπεν αὐτοῖς·
14   b   πᾶσα βασιλεία *ἐφ᾽ ἑαυτὴν / *διαμερισθεῖσα ἐρημοῦται
15   c   καὶ □ *οἶκος □ *ἐπὶ οἶκον *πίπτει.
16 18a   εἰ *δὲ καὶ ὁ σατανᾶς □
17   b   ἐφ᾽ ἑαυτὸν *διεμερίσθη,
18   c   πῶς □ σταθήσεται ἡ βασιλεία αὐτοῦ;
19   d   ὅτι λέγετε ἐν Βεελζεβοὺλ ἐκβάλλειν με τὰ δαιμόνια.
20 19a   εἰ *δὲ ἐγὼ ἐν Βεελζεβοὺλ ἐκβάλλω τὰ δαιμόνια,
21   b   οἱ υἱοὶ ὑμῶν ἐν τίνι ἐκβάλλουσιν;
22   c   διὰ τοῦτο αὐτοὶ ὑμῶν / κριταὶ ἔσονται.
23 20a   εἰ δὲ ἐν *δακτύλῳ θεοῦ ἐγὼ ἐκβάλλω τὰ δαιμόνια,
24   b   ἄρα ἔφθασεν ἐφ᾽ ὑμᾶς ἡ βασιλεία τοῦ θεοῦ.
25 21a   ὅταν ὁ ἰσχυρὸς καθωπλισμένος φυλάσσῃ τὴν ἑαυτοῦ / *αὐλήν,
26   b   ἐν εἰρήνῃ ἐστὶν τὰ *ὑπάρχοντα αὐτοῦ·
27 22a   *ἐπὰν δὲ ἰσχυρότερος αὐτοῦ *ἐπελθὼν *νικήσῃ *αὐτόν,
28   b   τὴν πανοπλίαν αὐτοῦ αἴρει ἐφ᾽ ᾗ ἐπεποίθει
29   c   καὶ □ τὰ *σκῦλα αὐτοῦ *διαδίδωσιν.
30 23a   ὁ μὴ ὢν μετ᾽ ἐμοῦ κατ᾽ ἐμοῦ ἐστιν,
31   b   καὶ ὁ μὴ συνάγων μετ᾽ ἐμοῦ σκορπίζει.

36   14a
37   bc
38   d

40   15a
41   bc

1 　Mt 12,43-45

2

3 43a ὅταν δὲ τὸ ἀκάθαρτον πνεῦμα ἐξέλθῃ ἀπὸ τοῦ ἀνθρώπου,

4 　b 　διέρχεται δι' ἀνύδρων τόπων ζητοῦν ἀνάπαυσιν

5 　c 　καὶ *οὐχ εὑρίσκει.

6 44a τότε λέγει·

7 　b 　εἰς τὸν οἶκόν μου / *ἐπιστρέψω ὅθεν ἐξῆλθον·

8 　c καὶ ἐλθὸν εὑρίσκει σχολάζοντα σεσαρωμένον καὶ κεκοσμημένον.

9 45a τότε πορεύεται καὶ παραλαμβάνει μεθ' ἑαυτοῦ

10 　b 　ἑπτὰ / ἕτερα πνεύματα πονηρότερα ἑαυτοῦ

11 　c 　καὶ εἰσελθόντα κατοικεῖ ἐκεῖ·

12 　d καὶ γίνεται τὰ ἔσχατα τοῦ ἀνθρώπου ἐκείνου

13 　e 　　χείρονα τῶν πρώτων.

14 　f οὕτως ἔσται καὶ τῇ γενεᾷ ταύτῃ τῇ πονηρᾷ.

15

16 　Mt 12,38-42

17

18 38a *τότε ἀπεκρίθησαν αὐτῷ τινες τῶν γραμματέων καὶ Φαρισαίων

19 　b 　λέγοντες·

20 　c 　διδάσκαλε, *θέλομεν *ἀπὸ σοῦ σημεῖον ἰδεῖν.

21 39a ὁ δὲ ἀποκριθεὶς *εἶπεν αὐτοῖς·

22 　b 　□ γενεὰ πονηρὰ καὶ μοιχαλὶς □

23 　c 　σημεῖον *ἐπιζητεῖ,

24 　d 　καὶ σημεῖον οὐ δοθήσεται αὐτῇ εἰ μὴ

25 　e 　τὸ σημεῖον Ἰωνᾶ τοῦ προφήτου.

26 40a *ὥσπερ γὰρ *ἦν Ἰωνᾶς ἐν τῇ κοιλίᾳ τοῦ κήτους

27 　b 　　τρεῖς ἡμέρας καὶ τρεῖς νύκτας,

28 　　　　□

29 　c 　οὕτως ἔσται □ ὁ υἱὸς τοῦ ἀνθρώπου ἐν τῇ καρδίᾳ τῆς γῆς

30 　d 　　τρεῖς ἡμέρας καὶ τρεῖς νύκτας.

31 　　　　□

32 42a βασίλισσα νότου ἐγερθήσεται ἐν τῇ κρίσει

33 　b 　μετὰ □ τῆς γενεᾶς ταύτης

34 　c 　καὶ κατακρινεῖ αὐτήν,

35 　d 　ὅτι ἦλθεν ἐκ τῶν περάτων τῆς γῆς

36 　e 　ἀκοῦσαι τὴν σοφίαν Σολομῶνος,

37 　f καὶ ἰδοὺ πλεῖον Σολομῶνος ὧδε.

38 41a ἄνδρες Νινευῖται ἀναστήσονται ἐν τῇ κρίσει

39 　b 　μετὰ τῆς γενεᾶς ταύτης

40 　c 　καὶ κατακρινοῦσιν αὐτήν,

41 　d 　ὅτι μετενόησαν εἰς τὸ κήρυγμα Ἰωνᾶ,

42 　e 　καὶ ἰδοὺ πλεῖον Ἰωνᾶ ὧδε.

1   Lc 11,24-26

2

3 24a ὅταν ▫ τὸ ἀκάθαρτον πνεῦμα ἐξέλθῃ ἀπὸ τοῦ ἀνθρώπου,

4   b   διέρχεται δι' ἀνύδρων τόπων ζητοῦν ἀνάπαυσιν

5   c   καὶ *μὴ εὑρίσκον·

6   d τότε λέγει·

7   e   *ὑποστρέψω / εἰς τὸν οἶκόν μου ὅθεν ἐξῆλθον·

8 25 καὶ ἐλθὸν εὑρίσκει ▫ σεσαρωμένον καὶ κεκοσμημένον.

9 26a τότε πορεύεται καὶ παραλαμβάνει ▫

10   b   ἕτερα πνεύματα πονηρότερα ἑαυτοῦ / ἑπτὰ

11   c   καὶ εἰσελθόντα κατοικεῖ ἐκεῖ·

12   d   καὶ γίνεται τὰ ἔσχατα τοῦ ἀνθρώπου ἐκείνου

13   e   χείρονα τῶν πρώτων.

14   ▫

15

16   Lc 11,16.29-32

17

18 29a τῶν *δὲ ὄχλων ἐπαθροιζομένων

19   16a ἕτεροι δὲ πειράζοντες

20   b   σημεῖον ἐξ οὐρανοῦ *ἐζήτουν *παρ' αὐτοῦ.

21   b ▫ ἤρξατο *λέγειν ▫·

22   c ἡ γενεὰ αὕτη γενεὰ πονηρά ▫ ἐστιν·

23   d σημεῖον *ζητεῖ,

24   e καὶ σημεῖον οὐ δοθήσεται αὐτῇ εἰ μὴ

25   f   τὸ σημεῖον Ἰωνᾶ ▫.

26 30a *καθὼς γὰρ *ἐγένετο Ἰωνᾶς ▫

27   ▫

28   b   τοῖς Νινευίταις σημεῖον,

29   c οὕτως ἔσται καὶ ὁ υἱὸς τοῦ ἀνθρώπου ▫

30   ▫

31   d   τῇ γενεᾷ ταύτῃ.

32 31a βασίλισσα νότου ἐγερθήσεται ἐν τῇ κρίσει

33   b   μετὰ τῶν ἀνδρῶν τῆς γενεᾶς ταύτης

34   c καὶ κατακρινεῖ αὐτούς,

35   d   ὅτι ἦλθεν ἐκ τῶν περάτων τῆς γῆς

36   e   ἀκοῦσαι τὴν σοφίαν Σολομῶνος,

37   f καὶ ἰδοὺ πλεῖον Σολομῶνος ὧδε.

38 32a ἄνδρες Νινευῖται ἀναστήσονται ἐν τῇ κρίσει

39   b   μετὰ τῆς γενεᾶς ταύτης

40   c καὶ κατακρινοῦσιν αὐτήν·

41   d   ὅτι μετενόησαν εἰς τὸ κήρυγμα Ἰωνᾶ,

42   e καὶ ἰδοὺ πλεῖον Ἰωνᾶ ὧδε.

1   Mt 5,15

2

3 15a *οὐδὲ *καίουσιν / λύχνον

4   b   καὶ □ τιθέασιν αὐτὸν □ ὑπὸ τὸν μόδιον

5   c   ἀλλ᾿ ἐπὶ τὴν λυχνίαν,

6   d   *καὶ λάμπει πᾶσιν τοῖς ἐν τῇ οἰκίᾳ.

7

8   Mt 6,22-23

9

10 22a ὁ λύχνος τοῦ σώματός ἐστιν ὁ ὀφθαλμός □.

11   b   *ἐὰν οὖν ᾖ / ὁ ὀφθαλμός σου ἁπλοῦς,

12   c   □ ὅλον τὸ σῶμά σου φωτεινὸν ἔσται·

13 23a *ἐὰν δὲ ὁ ὀφθαλμός σου πονηρὸς ᾖ,

14   b   □ ὅλον τὸ σῶμά σου σκοτεινὸν ἔσται.

15   c εἰ οὖν τὸ φῶς τὸ ἐν σοὶ σκότος ἐστίν,

16   d   τὸ σκότος πόσον.

17

18   Mt 23,4.6-7.13.23.25-27.29-32.34-36

19

20 25a οὐαὶ □ ὑμῖν, γραμματεῖς καὶ □ Φαρισαῖοι ὑποκριταί,

21   b   ὅτι καθαρίζετε / τὸ ἔξωθεν τοῦ ποτηρίου καὶ τῆς *παροψίδος,

22   c   □ ἔσωθεν / δὲ □ γέμουσιν ἐξ ἁρπαγῆς καὶ *ἀκρασίας.

23 26a Φαρισαῖε *τυφλέ,

24   □

25   □

26   b   καθάρισον πρῶτον / τὸ *ἐντὸς τοῦ ποτηρίου,

27   c   ἵνα *γένηται / καὶ τὸ ἐκτὸς αὐτοῦ καθαρόν.

28 23a □ οὐαὶ ὑμῖν, γραμματεῖς καὶ □ Φαρισαῖοι ὑποκριταί,

29   b   ὅτι ἀποδεκατοῦτε τὸ ἡδύοσμον

30   c   καὶ τὸ *ἄνηθον καὶ τὸ *κύμινον

31   d   καὶ *ἀφήκατε τὰ βαρύτερα τοῦ νόμου,

32   e   τὴν κρίσιν καὶ τὸ ἔλεος καὶ τὴν *πίστιν·

33   f   ταῦτα δὲ ἔδει ποιῆσαι κἀκεῖνα μὴ *ἀφιέναι.

34   □

35 6a *φιλοῦσιν δὲ τὴν πρωτοκλισίαν ἐν τοῖς δείπνοις

36   b   καὶ τὰς πρωτοκαθεδρίας ἐν ταῖς συναγωγαῖς

37 7a   καὶ τοὺς ἀσπασμοὺς ἐν ταῖς ἀγοραῖς

38   b   καὶ καλεῖσθαι ὑπὸ τῶν ἀνθρώπων ῥαββί.

39 27a οὐαὶ ὑμῖν, γραμματεῖς καὶ Φαρισαῖοι ὑποκριταί,

40   b   ὅτι *παρομοιάζετε □ *τάφοις □ *κεκονιαμένοις,

41   c   οἵτινες ἔξωθεν μὲν φαίνονται ὡραῖοι,

42   d   ἔσωθεν δὲ γέμουσιν ὀστέων νεκρῶν καὶ πάσης ἀκαθαρσίας.

43   □

1　　Lc 11,33

2

3　33a　*οὐδεὶς λύχνον / *ἅψας

4　　b　　εἰς κρύπτην **τίθησιν** □ οὐδὲ **ὑπὸ τὸν μόδιον**

5　　c　　ἀλλ᾽ ἐπὶ τὴν λυχνίαν,

6　　d　　*ἵνα οἱ εἰσπορευόμενοι τὸ φῶς βλέπωσιν.

7

8　　Lc 11,34-35

9

10　34a　ὁ λύχνος τοῦ σώματός ἐστιν ὁ ὀφθαλμός σου.

11　　b　　*ὅταν □ ὁ ὀφθαλμός σου ἁπλοῦς / ᾖ,

12　　c　　καὶ ὅλον τὸ σῶμά σου φωτεινόν ἐστιν·

13　　d　　*ἐπὰν δὲ □ πονηρὸς ᾖ,

14　　e　　καὶ □ τὸ σῶμά σου σκοτεινόν □.

15　35　σκόπει οὖν μὴ τὸ φῶς τὸ ἐν σοὶ σκότος ἐστίν.

16　　　□

17

18　　Lc 11,39-52

19

20　39b　□ νῦν ὑμεῖς □ οἱ **Φαρισαῖοι** □

21　　c　　□ τὸ ἔξωθεν τοῦ **ποτηρίου καὶ** τοῦ *πίνακος / **καθαρίζετε,**

22　　d　　τὸ δὲ / ἔσωθεν ὑμῶν γέμει □ **ἁρπαγῆς καὶ** *πονηρίας.

23　40a　□ *ἄφρονες,

24　　b　　οὐχ ὁ ποιήσας τὸ ἔξωθεν

25　　c　　καὶ τὸ ἔσωθεν ἐποίησεν;

26　41a　πλὴν τὰ *ἐνόντα / δότε ἐλεημοσύνην,

27　　b　　καὶ ἰδοὺ πάντα **καθαρὰ** ὑμῖν / *ἐστιν.

28　42a　ἀλλὰ **οὐαὶ ὑμῖν** □ τοῖς **Φαρισαίοις** □,

29　　b　　ὅτι ἀποδεκατοῦτε τὸ ἡδύοσμον

30　　c　　　　　　καὶ τὸ *πήγανον καὶ πᾶν *λάχανον

31　　d　　καὶ *παρέρχεσθε □

32　　e　　τὴν **κρίσιν** □ καὶ τὴν *ἀγάπην τοῦ θεοῦ ·

33　　f　　ταῦτα δὲ ἔδει ποιῆσαι κἀκεῖνα μὴ *παρεῖναι.

34　43a　οὐαὶ ὑμῖν τοῖς Φαρισαίοις,

35　　b　　ὅτι *ἀγαπᾶτε □

36　　c　　　　　　τὴν **πρωτοκαθεδρίαν** ἐν ταῖς συναγωγαῖς

37　　d　　　　　　καὶ τοὺς ἀσπασμοὺς ἐν ταῖς ἀγοραῖς.

38　　　□

39　44a　**οὐαὶ ὑμῖν,** □

40　　b　　ὅτι *ἐστὲ ὡς τὰ *μνημεῖα τὰ *ἄδηλα,

41　　　□

42　　　□

43　　c　　καὶ οἱ ἄνθρωποι οἱ περιπατοῦντες ἐπάνω οὐκ οἴδασιν.

1   [Mt 23,4-36]

2

3   □

4   □

5   □

6   □

7   4a   δεσμεύουσιν δὲ **φορτία** βαρέα καὶ **δυσβάστακτα**

8   b   καὶ *ἐπιτιθέασιν ἐπὶ τοὺς ὤμους τῶν **ἀνθρώπων**,

9   c   **αὐτοὶ** *δὲ □ τῷ **δακτύλῳ** *αὐτῶν

10   d   **οὐ** θέλουσιν *κινῆσαι *αὐτά.

11 29a   **οὐαὶ ὑμῖν**, γραμματεῖς καὶ Φαρισαῖοι ὑποκριταί,

12   b   **ὅτι οἰκοδομεῖτε** τοὺς *τάφους **τῶν προφητῶν**

13   c   καὶ κοσμεῖτε **τὰ μνημεῖα** τῶν δικαίων,

14 30a   καὶ λέγετε·

15   b   εἰ ἤμεθα ἐν ταῖς ἡμέραις τῶν **πατέρων** *ἡμῶν,

16   c   οὐκ ἂν ἤμεθα αὐτῶν κοινωνοὶ ἐν τῷ αἵματι τῶν προφητῶν.

17 31a   *ὥστε *μαρτυρεῖτε ἑαυτοῖς

18   b   **ὅτι** υἱοί **ἐστε** τῶν *φονευσάντων τοὺς *προφήτας.

19   31a

20 32   καὶ **ὑμεῖς** *πληρώσατε τὸ μέτρον **τῶν πατέρων ὑμῶν**.

21   □

22   □

23 34a   **διὰ τοῦτο** □

24   b   ἰδοὺ ἐγὼ **ἀποστέλλω** *πρὸς *ὑμᾶς **προφήτας**

25   c   **καὶ** *σοφοὺς καὶ γραμματεῖς·

26   d   □ **ἐξ αὐτῶν ἀποκτενεῖτε** καὶ σταυρώσετε

27   e   καὶ ἐξ αὐτῶν μαστιγώσετε ἐν ταῖς συναγωγαῖς ὑμῶν

28   f   **καὶ διώξετε** ἀπὸ πόλεως εἰς πόλιν·

29 35a   *ὅπως *ἔλθῃ ἐφ᾽ ὑμᾶς **πᾶν** / **αἷμα** *δίκαιον

30   b   □ **ἐκχυννόμενον** ἐπὶ τῆς *γῆς □

31   c   **ἀπὸ** τοῦ **αἵματος** Ἄβελ τοῦ δικαίου

32   e   **ἕως** τοῦ **αἵματος** Ζαχαρίου υἱοῦ Βαραχίου,

33   d   *ὃν *ἐφονεύσατε **μεταξὺ** τοῦ *ναοῦ / **καὶ** τοῦ / **θυσιαστηρίου**.

34 36a   *ἀμὴν λέγω ὑμῖν,

35   b   *ἥξει ταῦτα πάντα *ἐπὶ **τὴν γενεὰν ταύτην**.

36 13a   **οὐαὶ** δὲ **ὑμῖν**, *γραμματεῖς καὶ Φαρισαῖοι ὑποκριταί,

37   b   **ὅτι** *κλείετε τὴν *βασιλείαν τῶν οὐρανῶν ἔμπροσθεν τῶν ἀνθρώπων·

38   c   *ὑμεῖς γὰρ **οὐκ εἰσέρχεσθε**

39   d   *οὐδὲ **τοὺς εἰσερχομένους** *ἀφίετε εἰσελθεῖν.

1		[Lc 11,45-52]
2		
3	45a	ἀποκριθεὶς δέ τις τῶν νομικῶν λέγει αὐτῷ·
4	b	διδάσκαλε, ταῦτα λέγων καὶ ἡμᾶς ὑβρίζεις.
5	46a	ὁ δὲ εἶπεν·
6	b	καὶ ὑμῖν τοῖς νομικοῖς οὐαί,
7	c	ὅτι *φορτίζετε □ τοὺς **ἀνθρώπους φορτία** □ **δυσβάστακτα,**
8		□
9	d	*καὶ **αὐτοὶ** ἑνὶ τῶν **δακτύλων** *ὑμῶν
10	e	οὐ □ *προσψαύετε τοῖς *φορτίοις.
11	47a	**οὐαὶ ὑμῖν,** □
12	b	**ὅτι οἰκοδομεῖτε τὰ *μνημεῖα τῶν προφητῶν,**
13		□
14		□
15		47c
16		□
17		48a
18	c	οἱ δὲ **πατέρες** *ὑμῶν *ἀπέκτειναν *αὐτούς.
19	48a	*ἄρα *μάρτυρές ἐστε
20	b	καὶ *συνευδοκεῖτε τοῖς ἔργοις **τῶν πατέρων ὑμῶν,**
21	c	ὅτι αὐτοὶ μὲν ἀπέκτειναν αὐτούς,
22	d	ὑμεῖς δὲ οἰκοδομεῖτε.
23	49a	**διὰ τοῦτο** καὶ ἡ σοφία τοῦ θεοῦ εἶπεν·
24	b	□ **ἀποστελῶ** *εἰς *αὐτοὺς **προφήτας**
25	c	**καὶ** *ἀποστόλους □,
26	d	**καὶ ἐξ αὐτῶν ἀποκτενοῦσιν** □
27		□
28	e	**καὶ διώξουσιν** □,
29	50a	*ἵνα *ἐκζητηθῇ □ τὸ **αἷμα** / πάντων τῶν *προφητῶν
30	b	τὸ **ἐκκεχυμένον** ἀπὸ καταβολῆς *κόσμου ἀπὸ τῆς γενεᾶς ταύτης,
31	51a	**ἀπὸ** □ **αἵματος Ἄβελ** □
32	b	**ἕως** □ **αἵματος Ζαχαρίου** □
33	c	*τοῦ *ἀπολομένου **μεταξὺ** τοῦ **θυσιαστηρίου** / καὶ τοῦ / *οἴκου·
34	d	*ναὶ λέγω ὑμῖν,
35	e	*ἐκζητηθήσεται □ *ἀπὸ τῆς γενεᾶς ταύτης.
36	52a	**οὐαὶ** □ **ὑμῖν** τοῖς *νομικοῖς □,
37	b	ὅτι *ἤρατε τὴν κλεῖδα τῆς *γνώσεως □·
38	c	*αὐτοὶ □ **οὐκ εἰσήλθατε**
39	d	*καὶ **τοὺς εἰσερχομένους** *ἐκωλύσατε □.

1   Mt 10,26-33; 12,32; 10,19-20

2

3 26a   μὴ οὖν **φοβηθῆτε** αὐτούς·

4   b   οὐδὲν *γάρ ἐστιν / *κεκαλυμμένον ὃ οὐκ ἀποκαλυφθήσεται

5   c   καὶ κρυπτὸν ὃ οὐ γνωσθήσεται.

6 27a   □ *ὃ λέγω ὑμῖν ἐν τῇ σκοτίᾳ

7   b   εἴπατε ἐν τῷ φωτί □,

8   c   καὶ ὃ *εἰς τὸ οὖς *ἀκούετε □

9   d   κηρύξατε ἐπὶ τῶν δωμάτων.

10   □

11 28a   *καὶ **μὴ φοβεῖσθε** ἀπὸ τῶν ἀποκτεννόντων τὸ σῶμα,

12   b   □ τὴν *δὲ ψυχὴν / **μὴ** *δυναμένων *ἀποκτεῖναι·

13   26a

14   c   **φοβεῖσθε** δὲ μᾶλλον τὸν □ *δυνάμενον

15   d   καὶ ψυχὴν καὶ σῶμα *ἀπολέσαι *ἐν □ γεέννῃ.

16   □

17 29a   οὐχὶ *δύο **στρουθία ἀσσαρίου** □ / πωλεῖται;

18   b   **καὶ** ἓν ἐξ αὐτῶν οὐ *πεσεῖται ἐπὶ τὴν γῆν *ἄνευ **τοῦ** *πατρὸς ὑμῶν.

19 30   **ὑμῶν** *δὲ / **καὶ** αἱ τρίχες τῆς κεφαλῆς πᾶσαι ἠριθμημέναι εἰσίν.

20 31   μὴ οὖν **φοβεῖσθε**· πολλῶν στρουθίων διαφέρετε ὑμεῖς.

21   □

22 32a   **πᾶς** *οὖν *ὅστις □ **ὁμολογήσει ἐν ἐμοὶ** ἔμπροσθεν τῶν ἀνθρώπων,

23   b   **ὁμολογήσω** / *κἀγὼ ἐν αὐτῷ

24   c   **ἔμπροσθεν** □ **τοῦ** *πατρός μου τοῦ ἐν τοῖς οὐρανοῖς·

25 33a   *ὅστις δ' ἂν **ἀρνήσηταί** με *ἔμπροσθεν **τῶν ἀνθρώπων**,

26   b   *ἀρνήσομαι κἀγὼ αὐτὸν

27   c   *ἔμπροσθεν □ **τοῦ** *πατρός μου τοῦ ἐν τοῖς οὐρανοῖς.

28 12,32a **καὶ** □ **ὃς** ἐὰν *εἴπῃ **λόγον** *κατὰ τοῦ **υἱοῦ τοῦ ἀνθρώπου**,

29   b   **ἀφεθήσεται αὐτῷ**·

30   c   ***ὃς** δ' ἂν *εἴπῃ / *κατὰ τοῦ **πνεύματος** / τοῦ ἁγίου,

31   d   **οὐκ ἀφεθήσεται αὐτῷ** οὔτε ἐν τούτῳ τῷ αἰῶνι

32   e   οὔτε ἐν τῷ μέλλοντι.

33 19a   **ὅταν** δὲ *παραδῶσιν **ὑμᾶς** □,

34   □

35   b   **μὴ μεριμνήσητε** πῶς ἢ τί □

36   c   □ *λαλήσητε·

37   d   *δοθήσεται γὰρ ὑμῖν ἐν *ἐκείνῃ τῇ ὥρᾳ

38   e   *τί □ *λαλήσητε·

39 20a   **οὐ** γὰρ ὑμεῖς ἐστε οἱ **λαλοῦντες**

40   b   **ἀλλὰ** τὸ **πνεῦμα** τοῦ πατρὸς ὑμῶν τὸ **λαλοῦν** ἐν ὑμῖν.

1   Lc 12,2-12

2

3   5a

4   2a   οὐδὲν *δὲ *συγκεκαλυμμένον / ἐστὶν ὃ οὐκ ἀποκαλυφθήσεται

5   b   καὶ κρυπτὸν ὃ οὐ γνωσθήσεται.

6   3a   ἀνθ᾽ ὧν *ὅσα ▫ ἐν τῇ σκοτίᾳ εἴπατε

7   b   ἐν τῷ φωτὶ ἀκουσθήσεται,

8   c   καὶ ὃ *πρὸς τὸ οὖς *ἐλαλήσατε ἐν τοῖς ταμείοις

9   d   κηρυχθήσεται ἐπὶ τῶν δωμάτων.

10   4a   λέγω *δὲ ὑμῖν τοῖς φίλοις μου,

11   b   μὴ φοβηθῆτε ἀπὸ τῶν ἀποκτεινόντων τὸ σῶμα

12   c   *καὶ μετὰ ταῦτα μὴ *ἐχόντων / *περισσότερόν τι ποιῆσαι.

13   5a   ὑποδείξω δὲ ὑμῖν τίνα φοβηθῆτε·

14   b   φοβήθητε ▫ τὸν μετὰ τὸ ἀποκτεῖναι *ἔχοντα ἐξουσίαν

15   c   ▫ *ἐμβαλεῖν *εἰς τὴν γέενναν.

16   d   ναὶ λέγω ὑμῖν, τοῦτον φοβήθητε.

17   6a   οὐχὶ *πέντε στρουθία πωλοῦνται / ἀσσαρίων δύο;

18   b   καὶ ἓν ἐξ αὐτῶν οὐκ *ἔστιν ἐπιλελησμένον *ἐνώπιον τοῦ *θεοῦ ▫.

19   7a   *ἀλλὰ καὶ αἱ τρίχες τῆς κεφαλῆς / ὑμῶν πᾶσαι ἠρίθμηνται.

20   b   μὴ ▫ φοβεῖσθε· πολλῶν στρουθίων διαφέρετε ▫.

21   8a   λέγω *δὲ ὑμῖν,

22   b   πᾶς *ὃς ἂν ὁμολογήσῃ ἐν ἐμοὶ ἔμπροσθεν τῶν ἀνθρώπων,

23   c   *καὶ ὁ *υἱὸς τοῦ ἀνθρώπου / ὁμολογήσει ἐν αὐτῷ

24   d   ἔμπροσθεν τῶν ἀγγέλων τοῦ *θεοῦ·

25   9a   *ὁ δὲ ▫ ἀρνησάμενός με *ἐνώπιον τῶν ἀνθρώπων

26   b   *ἀπαρνηθήσεται ▫

27   c   *ἐνώπιον τῶν ἀγγέλων τοῦ *θεοῦ.

28   10a   καὶ πᾶς ὃς ▫ *ἐρεῖ λόγον *εἰς τὸν υἱὸν τοῦ ἀνθρώπου,

29   b   ἀφεθήσεται αὐτῷ·

30   c   *τῷ δὲ ▫ *εἰς τὸ ἅγιον / πνεῦμα / *βλασφημήσαντι

31   d   οὐκ ἀφεθήσεται ▫.

32   ▫

33   11a   ὅταν δὲ *εἰσφέρωσιν ὑμᾶς ἐπὶ τὰς συναγωγὰς

34   b   καὶ τὰς ἀρχὰς καὶ τὰς ἐξουσίας,

35   c   μὴ μεριμνήσητε πῶς ἢ τί ἀπολογήσησθε

36   d   ἢ τί *εἴπητε·

37   12a   τὸ γὰρ ἅγιον πνεῦμα *διδάξει ὑμᾶς ἐν *αὐτῇ τῇ ὥρᾳ

38   b   *ἃ δεῖ *εἰπεῖν.

39   ▫

40   ▫

1   Mt 6,25-33

2

3 25a διὰ τοῦτο λέγω ὑμῖν·

4   b   μὴ μεριμνᾶτε τῇ ψυχῇ ὑμῶν τί φάγητε ἢ τί πίητε,

5   c   μηδὲ τῷ σώματι ὑμῶν τί ἐνδύσησθε.

6   d   *οὐχὶ ἡ ψυχὴ πλεῖόν ἐστιν τῆς τροφῆς

7   e   καὶ τὸ σῶμα τοῦ ἐνδύματος;

8 26a *ἐμβλέψατε εἰς τὰ *πετεινὰ τοῦ οὐρανοῦ ὅτι

9   b   οὐ σπείρουσιν οὐδὲ θερίζουσιν,

10   c   □ οὐδὲ *συνάγουσιν εἰς ἀποθήκας,

11   d   καὶ ὁ *πατὴρ ὑμῶν ὁ οὐράνιος τρέφει αὐτά·

12   e   *οὐχ ὑμεῖς / μᾶλλον διαφέρετε *αὐτῶν;

13 27a τίς δὲ ἐξ ὑμῶν μεριμνῶν

14   b   δύναται προσθεῖναι / ἐπὶ τὴν ἡλικίαν αὐτοῦ πῆχυν ἕνα;

15   □

16 28a *καὶ περὶ □ *ἐνδύματος / τί μεριμνᾶτε;

17   b   *καταμάθετε τὰ κρίνα τοῦ ἀγροῦ πῶς αὐξάνουσιν·

18   c   οὐ κοπιῶσιν οὐδὲ νήθουσιν·

19 29a λέγω δὲ ὑμῖν ὅτι

20   b   οὐδὲ Σολομὼν ἐν πάσῃ τῇ δόξῃ αὐτοῦ περιεβάλετο ὡς ἓν τούτων.

21 30a εἰ δὲ τὸν χόρτον / □ τοῦ ἀγροῦ σήμερον / ὄντα

22   b   καὶ αὔριον εἰς κλίβανον βαλλόμενον ὁ θεὸς οὕτως *ἀμφιέννυσιν,

23   c   οὐ *πολλῷ μᾶλλον ὑμᾶς, ὀλιγόπιστοι;

24 31a μὴ *οὖν □ *μεριμνήσητε λέγοντες· τί φάγωμεν; *ἤ· τί πίωμεν;

25   b   ἤ· τί περιβαλώμεθα;

26   □

27 32a πάντα / γὰρ / ταῦτα τὰ ἔθνη □ ἐπιζητοῦσιν·

28   b   οἶδεν / *γὰρ ὁ πατὴρ / ὑμῶν ὁ οὐράνιος ὅτι χρῄζετε τούτων ἁπάντων.

29 33a ζητεῖτε *δὲ πρῶτον τὴν βασιλείαν τοῦ θεοῦ καὶ τὴν δικαιοσύνην αὐτοῦ,

30   b   καὶ ταῦτα πάντα προστεθήσεται ὑμῖν.

31

32   Mt 6,19-21

33

34 19a μὴ θησαυρίζετε ὑμῖν θησαυροὺς ἐπὶ τῆς γῆς,

35   b   ὅπου σὴς καὶ βρῶσις ἀφανίζει

36   c   καὶ ὅπου κλέπται διορύσσουσιν καὶ κλέπτουσιν·

37 20a *θησαυρίζετε δὲ *ὑμῖν □

38   b   θησαυροὺς □ ἐν □ οὐρανῷ,

39   c   ὅπου *οὔτε σὴς οὔτε βρῶσις *ἀφανίζει /

40   d   *καὶ ὅπου κλέπται οὐ *διορύσσουσιν οὐδὲ κλέπτουσιν·

41 21a ὅπου γάρ ἐστιν ὁ θησαυρός *σου,

42   b   ἐκεῖ ἔσται / καὶ ἡ καρδία *σου.

1 Lc 12,22-31

2

3 22b διὰ τοῦτο λέγω ὑμῖν·

4 c μὴ μεριμνᾶτε τῇ ψυχῇ ▢ τί φάγητε ▢,

5 d μηδὲ τῷ σώματι ▢ τί ἐνδύσησθε.

6 23a ἡ *γὰρ ψυχὴ πλεῖόν ἐστιν τῆς τροφῆς

7 b καὶ τὸ σῶμα τοῦ ἐνδύματος.

8 24a *κατανοήσατε ▢ τοὺς *κόρακας ▢ ὅτι

9 b οὐ σπείρουσιν οὐδὲ θερίζουσιν,

10 c οἷς οὐκ *ἔστιν ταμεῖον οὐδὲ ▢ ἀποθήκη,

11 d καὶ ὁ *θεὸς τρέφει αὐτούς·

12 e *πόσῳ μᾶλλον / ὑμεῖς διαφέρετε τῶν *πετεινῶν.

13 25a τίς δὲ ἐξ ὑμῶν μεριμνῶν

14 b δύναται ἐπὶ τὴν ἡλικίαν αὐτοῦ / προσθεῖναι πῆχυν ▢;

15 26a εἰ *οὖν οὐδὲ ἐλάχιστον δύνασθε,

16 b τί / περὶ τῶν *λοιπῶν μεριμνᾶτε;

17 27a *κατανοήσατε τὰ κρίνα ▢ πῶς αὐξάνει·

18 b οὐ κοπιᾷ οὐδὲ νήθει·

19 c λέγω δὲ ὑμῖν ▢,

20 d οὐδὲ Σολομὼν ἐν πάσῃ τῇ δόξῃ αὐτοῦ περιεβάλετο ὡς ἓν τούτων.

21 28a εἰ δὲ ἐν ▢ ἀγρῷ / τὸν χόρτον ὄντα / σήμερον

22 b καὶ αὔριον εἰς κλίβανον βαλλόμενον ὁ θεὸς οὕτως *ἀμφιέζει,

23 c ▢ *πόσῳ μᾶλλον ὑμᾶς, ὀλιγόπιστοι.

24 29a *καὶ ὑμεῖς μὴ *ζητεῖτε ▢ τί φάγητε *καὶ τί πίητε

25 ▢

26 b καὶ μὴ μετεωρίζεσθε·

27 30a ταῦτα / γὰρ / πάντα τὰ ἔθνη τοῦ κόσμου ἐπιζητοῦσιν,

28 b ὑμῶν / *δὲ ὁ πατὴρ ▢ / οἶδεν ὅτι χρῄζετε τούτων ▢.

29 31a *πλὴν ζητεῖτε ▢ τὴν βασιλείαν ▢ αὐτοῦ,

30 b καὶ ταῦτα ▢ προστεθήσεται ὑμῖν.

31

32 Lc 12,33-34

33

34 33a πωλήσατε τὰ ὑπάρχοντα ὑμῶν καὶ δότε ἐλεημοσύνην·

35 ▢

36 ▢

37 b *ποιήσατε ▢ *ἑαυτοῖς βαλλάντια μὴ παλαιούμενα,

38 c θησαυρὸν ἀνέκλειπτον ἐν τοῖς οὐρανοῖς,

39 d ὅπου κλέπτης οὐκ *ἐγγίζει ▢ /

40 e ▢ *οὐδὲ σὴς ▢ *διαφθείρει·

41 34a ὅπου γάρ ἐστιν ὁ θησαυρὸς *ὑμῶν,

42 b ἐκεῖ καὶ ἡ καρδία *ὑμῶν / ἔσται.

1   Mt 24,43-51

2

3 43a *ἐκεῖνο δὲ γινώσκετε

4   b   ὅτι εἰ ᾔδει ὁ οἰκοδεσπότης ποίᾳ *φυλακῇ ὁ κλέπτης ἔρχεται,

5   c   ἐγρηγόρησεν ἂν καὶ οὐκ ἂν *εἴασεν διορυχθῆναι τὴν *οἰκίαν αὐτοῦ.

6 44a διὰ τοῦτο καὶ ὑμεῖς γίνεσθε ἕτοιμοι,

7   b   ὅτι ᾗ οὐ δοκεῖτε / ὥρᾳ ὁ υἱὸς τοῦ ἀνθρώπου ἔρχεται.

8   □

9   □

10   □

11 45a τίς ἄρα ἐστὶν ὁ πιστὸς *δοῦλος καὶ φρόνιμος

12   b   ὃν κατέστησεν ὁ κύριος ἐπὶ τῆς *οἰκετείας αὐτοῦ

13   c   τοῦ δοῦναι αὐτοῖς τὴν *τροφὴν / ἐν καιρῷ;

14 46a μακάριος ὁ δοῦλος ἐκεῖνος

15   b   ὃν ἐλθὼν ὁ κύριος αὐτοῦ εὑρήσει οὕτως / ποιοῦντα·

16 47a *ἀμὴν λέγω ὑμῖν ὅτι

17   b   ἐπὶ πᾶσιν τοῖς ὑπάρχουσιν αὐτοῦ καταστήσει αὐτόν.

18 48a ἐὰν δὲ εἴπῃ ὁ κακὸς δοῦλος ἐκεῖνος ἐν τῇ καρδίᾳ αὐτοῦ·

19   b   χρονίζει μου / ὁ κύριος □,

20 49a καὶ ἄρξηται τύπτειν τοὺς *συνδούλους □ αὐτοῦ,

21   b   ἐσθίῃ *δὲ καὶ πίνῃ μετὰ τῶν *μεθυόντων,

22 50a ἥξει ὁ κύριος τοῦ δούλου ἐκείνου

23   b   ἐν ἡμέρᾳ ᾗ οὐ προσδοκᾷ καὶ ἐν ὥρᾳ ᾗ οὐ γινώσκει,

24 51a καὶ διχοτομήσει αὐτὸν

25   b   καὶ τὸ μέρος αὐτοῦ μετὰ τῶν *ὑποκριτῶν θήσει·

26   c   ἐκεῖ ἔσται ὁ κλαυθμὸς καὶ ὁ βρυγμὸς τῶν ὀδόντων.

1   Lc 12,39-46

2

3 39a   *τοῦτο δὲ γινώσκετε

4   b   ὅτι εἰ ᾔδει ὁ οἰκοδεσπότης ποίᾳ *ὥρᾳ ὁ κλέπτης ἔρχεται,

5   c   □ οὐκ ἂν *ἀφῆκεν διορυχθῆναι τὸν *οἶκον αὐτοῦ.

6 40a □ καὶ ὑμεῖς γίνεσθε ἕτοιμοι,

7   b   ὅτι ᾗ ὥρᾳ / οὐ δοκεῖτε ὁ υἱὸς τοῦ ἀνθρώπου ἔρχεται.

8 41a   εἶπεν δὲ ὁ Πέτρος·

9   b   κύριε, πρὸς ἡμᾶς τὴν παραβολὴν ταύτην λέγεις ἢ καὶ πρὸς πάντας;

10 42a   καὶ εἶπεν ὁ κύριος·

11   b τίς ἄρα ἐστὶν ὁ πιστὸς *οἰκονόμος ὁ φρόνιμος,

12   c   ὃν καταστήσει ὁ κύριος ἐπὶ τῆς *θεραπείας αὐτοῦ

13   d   τοῦ διδόναι □ ἐν καιρῷ / τὸ *σιτομέτριον;

14 43a μακάριος ὁ δοῦλος ἐκεῖνος,

15   b   ὃν ἐλθὼν ὁ κύριος αὐτοῦ εὑρήσει ποιοῦντα / οὕτως.

16 44a *ἀληθῶς λέγω ὑμῖν ὅτι

17   b   ἐπὶ πᾶσιν τοῖς ὑπάρχουσιν αὐτοῦ καταστήσει αὐτόν.

18 45a ἐὰν δὲ εἴπῃ ὁ □ δοῦλος ἐκεῖνος ἐν τῇ καρδίᾳ αὐτοῦ·

19   b   χρονίζει ὁ κύριός / μου ἔρχεσθαι,

20   c   καὶ ἄρξηται τύπτειν τοὺς *παῖδας καὶ τὰς παιδίσκας,

21   d   ἐσθίειν *τε καὶ πίνειν καὶ *μεθύσκεσθαι,

22 46a ἥξει ὁ κύριος τοῦ δούλου ἐκείνου

23   b   ἐν ἡμέρᾳ ᾗ οὐ προσδοκᾷ καὶ ἐν ὥρᾳ ᾗ οὐ γινώσκει,

24   c   καὶ διχοτομήσει αὐτὸν

25   d   καὶ τὸ μέρος αὐτοῦ μετὰ τῶν *ἀπίστων θήσει.

26   □

1   Mt 10,34-36

2

3   34bc

4   □

5   □

6   □

7   34a μὴ *νομίσητε ὅτι
8   b   *ἦλθον *βαλεῖν / εἰρήνην *ἐπὶ τὴν γῆν·
9   c   *οὐκ □ ἦλθον βαλεῖν εἰρήνην
10 d   ἀλλὰ □ *μάχαιραν.
11 35a *ἦλθον γὰρ □ 36 *διχάσαι

12   □

13 b □   *ἄνθρωπον   *κατὰ τοῦ πατρὸς αὐτοῦ
14 c □   καὶ θυγατέρα *κατὰ τῆς μητρὸς αὐτῆς
15 d □   καὶ νύμφην *κατὰ τῆς πενθερᾶς / αὐτῆς,
16 36 καὶ ἐχθροὶ τοῦ ἀνθρώπου οἱ *οἰκιακοὶ αὐτοῦ.

17

18 Mt 16,2-3

19

20 2a ὁ δὲ ἀποκριθεὶς *εἶπεν *αὐτοῖς·
21 b   ὀψίας γενομένης
22 c   □ λέγετε □· εὐδία, πυρράζει γὰρ ὁ οὐρανός·

23   □

24 3a καὶ πρωῒ·
25 b   □ σήμερον χειμών, πυρράζει γὰρ στυγνάζων ὁ οὐρανός.

26   □

27 c   □ τὸ μὲν πρόσωπον □ τοῦ οὐρανοῦ *γινώσκετε *διακρίνειν,
28 d   τὰ δὲ / σημεῖα τῶν καιρῶν □ οὐ δύνασθε □;

29

30 Mt 5,25-26

31

32   □

33 25a ἴσθι *εὐνοῶν τῷ ἀντιδίκῳ σου ταχύ,
34 b   *ἕως ὅτου *εἶ μετ᾽ αὐτοῦ □
35 c   ἐν τῇ ὁδῷ,
36   25ab
37 d   μήποτέ σε / *παραδῷ ὁ ἀντίδικος τῷ κριτῇ
38 e   καὶ ὁ κριτὴς   25d   τῷ *ὑπηρέτῃ
39 f   καὶ εἰς φυλακὴν / βληθήσῃ·
40 26a ἀμὴν λέγω σοι,
41 b   οὐ μὴ ἐξέλθῃς ἐκεῖθεν,
42 c   ἕως ἂν ἀποδῷς / □ τὸν ἔσχατον *κοδράντην.

1   Lc 12,49-53

2

3   49a   πῦρ **ἦλθον βαλεῖν ἐπὶ τὴν γῆν,**

4   b   καὶ τί θέλω εἰ ἤδη ἀνήφθη.

5   50a   βάπτισμα δὲ ἔχω βαπτισθῆναι,

6   b   καὶ πῶς συνέχομαι ἕως ὅτου τελεσθῇ.

7   51a   □ *δοκεῖτε **ὅτι**

8   b   **εἰρήνην** / *παρεγενόμην *δοῦναι *ἐν τῇ γῇ;

9   c   ***οὐχί,** λέγω ὑμῖν,   □ 49a

10   d   **ἀλλ'** ἢ *διαμερισμόν.

11   52a   *ἔσονται **γὰρ** ἀπὸ τοῦ νῦν πέντε ἐν ἑνὶ ***οἴκῳ** *διαμεμερισμένοι,

12   b   τρεῖς ἐπὶ δυσὶν καὶ δύο ἐπὶ τρισίν,[1] διαμερισθήσονται

13   53a   πατὴρ ἐπὶ υἱῷ   καὶ *υἱός   *ἐπὶ □   **πατρί** □,

14   b   μήτηρ ἐπὶ τὴν θυγατέρα   **καὶ θυγάτηρ** *ἐπὶ τὴν **μητέρα** □,

15   c   πενθερὰ ἐπὶ τὴν νύμφην **αὐτῆς** / **καὶ νύμφη**   *ἐπὶ τὴν **πενθεράν.**

16   52a

17

18   Lc 12,54-56

19

20   54a   *ἔλεγεν **δὲ** καὶ τοῖς *ὄχλοις·

21   b   ὅταν ἴδητε τὴν νεφέλην ἀνατέλλουσαν ἐπὶ δυσμῶν,

22   c   εὐθέως λέγετε ὅτι ὄμβρος ἔρχεται,

23   d   καὶ γίνεται οὕτως·

24   55a   **καὶ** ὅταν νότον πνέοντα,

25   b   λέγετε ὅτι καύσων ἔσται,

26   c   καὶ γίνεται.

27   56a   ὑποκριταί, **τὸ** □ **πρόσωπον** τῆς γῆς καὶ **τοῦ οὐρανοῦ** *οἴδατε *δοκιμάζειν,

28   b   □ τὸν **καιρὸν** / **δὲ** τοῦτον πῶς **οὐκ** *οἴδατε δοκιμάζειν;

29

30   Lc 12,57-59

31

32   57   τί δὲ καὶ ἀφ' ἑαυτῶν οὐ κρίνετε τὸ δίκαιον;

33   58c

34   58a   *ὡς **γὰρ** *ὑπάγεις **μετὰ τοῦ ἀντιδίκου** σου ἐπ' ἄρχοντα,

35   b   **ἐν τῇ ὁδῷ**

36   c   *δὸς ἐργασίαν ἀπηλλάχθαι ἀπ' **αὐτοῦ,**

37   d   **μήποτε** *κατασύρῃ / **σε** □ **πρὸς τὸν κριτήν,**

38   e   **καὶ ὁ κριτής σε παραδώσει τῷ** *πράκτορι,

39   f   **καὶ ὁ πράκτωρ σε βαλεῖ** / **εἰς φυλακήν.**

40   59a   □ **λέγω σοι,**

41   b   **οὐ μὴ ἐξέλθῃς ἐκεῖθεν,**

42   c   **ἕως** □ **καὶ τὸ ἔσχατον** *λεπτὸν / **ἀποδῷς.**

1   Mt 13,31-33

2

3 31a ἄλλην παραβολὴν παρέθηκεν αὐτοῖς λέγων·

4   □ 31b

5   □

6 b **ὁμοία ἐστὶν ἡ βασιλεία** τῶν *οὐρανῶν **κόκκῳ σινάπεως**,

7 c   **ὃν λαβὼν ἄνθρωπος** *ἔσπειρεν *ἐν τῷ *ἀγρῷ *αὐτοῦ·

8 32a ὃ μικρότερον μέν ἐστιν πάντων τῶν σπερμάτων,

9 b   ὅταν *δὲ αὐξηθῇ,

10 c   μεῖζον τῶν λαχάνων ἐστὶν

11 d   **καὶ** γίνεται □ **δένδρον,**

12 e   *ὥστε ἐλθεῖν **τὰ πετεινὰ τοῦ οὐρανοῦ**

13 f   καὶ **κατασκηνοῦν ἐν τοῖς κλάδοις αὐτοῦ.**

14 33a *ἄλλην παραβολὴν *ἐλάλησεν αὐτοῖς·

15 b □ 33c

16 c **ὁμοία ἐστὶν ἡ βασιλεία** τῶν *οὐρανῶν **ζύμῃ,**

17 d   **ἣν λαβοῦσα γυνὴ ἐνέκρυψεν εἰς ἀλεύρου σάτα τρία**

18 e   **ἕως οὗ ἐζυμώθη ὅλον.**

19

20

21

22   Mt 7,13-14; 25,10-12; 7,22-23; 8,11-12; 20,16

23

24   □ 7,14c

25   □

26 13a □ **εἰσέλθατε διὰ τῆς στενῆς** *πύλης·

27 b   **ὅτι** πλατεῖα ἡ πύλη

28 c   καὶ εὐρύχωρος ἡ ὁδὸς ἡ ἀπάγουσα εἰς τὴν ἀπώλειαν

29 d   καὶ **πολλοί** □ εἰσιν οἱ **εἰσερχόμενοι** δι᾽ αὐτῆς·

30 14a τί στενὴ ἡ πύλη

31 b   καὶ τεθλιμμένη ἡ ὁδὸς ἡ ἀπάγουσα εἰς τὴν ζωὴν

32 c **καὶ ὀλίγοι** εἰσὶν οἱ *εὑρίσκοντες αὐτήν.

33   25,10bd ... ἦλθεν ὁ νυμφίος ... **καὶ** *ἐκλείσθη ἡ θύρα.

34   11a ὕστερον δὲ ἔρχονται καὶ αἱ λοιπαὶ παρθένοι λέγουσαι·

35   b   **κύριε κύριε, ἄνοιξον ἡμῖν.**

36   12 ὁ *δὲ **ἀποκριθεὶς** *εἶπεν □· ἀμὴν λέγω ὑμῖν, **οὐκ οἶδα ὑμᾶς** □.

37 22a πολλοί *ἐροῦσίν μοι / ἐν ἐκείνῃ τῇ *ἡμέρᾳ·

38 b κύριε, κύριε, οὐ τῷ **σῷ** ὀνόματι ἐπροφητεύσαμεν,

39 c   **καὶ** τῷ **σῷ** ὀνόματι δαιμόνια ἐξεβάλομεν,

40 d   **καὶ** τῷ **σῷ** ὀνόματι δυνάμεις πολλὰς ἐποιήσαμεν;

41 23a **καὶ** τότε *ὁμολογήσω □ *αὐτοῖς ὅτι ***οὐδέποτε** ἔγνων **ὑμᾶς** □·

42 b *ἀποχωρεῖτε **ἀπ᾽ ἐμοῦ** □ οἱ *ἐργαζόμενοι τὴν *ἀνομίαν.

1   Lc 13,18-21

2

3   18a   □ ἔλεγεν οὖν □·

4   b   τίνι ὁμοία ἐστὶν **ἡ βασιλεία** τοῦ *θεοῦ

5   c   καὶ τίνι ὁμοιώσω αὐτήν;

6   19a   **ὁμοία ἐστὶν** □ **κόκκῳ σινάπεως,**

7   b   **ὃν λαβὼν ἄνθρωπος** *ἔβαλεν *εἰς □ *κῆπον *ἑαυτοῦ,

8   □

9   c   □ *καὶ ηὔξησεν

10   d   □

11   e   **καὶ ἐγένετο εἰς δένδρον,**

12   f   *καὶ □ **τὰ πετεινὰ τοῦ οὐρανοῦ**

13   g   □ **κατεσκήνωσεν ἐν τοῖς κλάδοις αὐτοῦ.**

14   20a   καὶ *πάλιν *εἶπεν □·

15   b   τίνι ὁμοιώσω τὴν **βασιλείαν** τοῦ *θεοῦ;

16   21a   **ὁμοία ἐστὶν** □ **ζύμῃ,**

17   b   **ἣν λαβοῦσα γυνὴ ἐνέκρυψεν εἰς ἀλεύρου σάτα τρία**

18   c   **ἕως οὗ ἐζυμώθη ὅλον.**

19

20

21

22   Lc 13,23-30

23

24   23a   εἶπεν δέ τις αὐτῷ· κύριε, εἰ **ὀλίγοι** οἱ σῳζόμενοι;

25   b   ὁ δὲ εἶπεν πρὸς αὐτούς·

26   24a   ἀγωνίζεσθε **εἰσελθεῖν διὰ τῆς στενῆς** *θύρας,

27   □

28   □

29   b   **ὅτι πολλοί,** λέγω ὑμῖν, □ ζητήσουσιν **εἰσελθεῖν** □

30   □

31   □

32   c   καὶ οὐκ *ἰσχύσουσιν. 23a

33   25a   ἀφ᾽ οὗ ἂν ἐγερθῇ ὁ οἰκοδεσπότης **καὶ** *ἀποκλείσῃ τὴν **θύραν**

34   b   καὶ ἄρξησθε ἔξω ἑστάναι καὶ κρούειν τὴν θύραν λέγοντες·

35   c   **κύριε** □, **ἄνοιξον ἡμῖν,**

36   d   *καὶ □ **ἀποκριθεὶς** *ἐρεῖ ὑμῖν· □ **οὐκ οἶδα ὑμᾶς** πόθεν ἐστέ.

37   26a   *τότε / □ ἄρξεσθε *λέγειν □·

38   b   □ ἐφάγομεν ἐνώπιόν σου

39   c   **καὶ** ἐπίομεν

40   d   **καὶ** ἐν ταῖς πλατείαις ἡμῶν ἐδίδαξας·

41   27a   **καὶ** □ *ἐρεῖ λέγων *ὑμῖν □· ***οὐκ** *οἶδα **ὑμᾶς** πόθεν ἐστέ·

42   b   *ἀπόστητε **ἀπ᾽ ἐμοῦ** πάντες □ *ἐργάται □ *ἀδικίας.

₁   [Mt 8,11-12]

₂

₃ 12b   ἐκεῖ ἔσται ὁ κλαυθμὸς καὶ ὁ βρυγμὸς τῶν ὀδόντων.

₄ 11c   μετὰ Ἀβραὰμ καὶ Ἰσαὰκ καὶ Ἰακὼβ

₅ d   □ ἐν τῇ βασιλείᾳ τῶν *οὐρανῶν,

₆ 12a   οἱ δὲ *υἱοὶ τῆς βασιλείας

₇   ἐκβληθήσονται εἰς τὸ σκότος τὸ *ἐξώτερον.

₈ 11a   λέγω *δὲ ὑμῖν ὅτι *πολλοὶ ἀπὸ ἀνατολῶν καὶ δυσμῶν □ / ἥξουσιν

₉ b   καὶ ἀνακλιθήσονται □ 12a

₁₀   20,16a οὕτως ἔσονται οἱ ἔσχατοι πρῶτοι

₁₁   b καὶ □ οἱ πρῶτοι ἔσχατοι.

₁₂

₁₃   Mt 23,37-39

₁₄

₁₅ 37a   Ἰερουσαλὴμ Ἰερουσαλήμ, ἡ ἀποκτείνουσα τοὺς προφήτας

₁₆ b   καὶ λιθοβολοῦσα τοὺς ἀπεσταλμένους πρὸς αὐτήν,

₁₇ c   ποσάκις ἠθέλησα ἐπισυναγαγεῖν τὰ τέκνα σου

₁₈ d   ὃν τρόπον ὄρνις ἐπισυνάγει τὰ *νοσσία / *αὐτῆς ὑπὸ τὰς πτέρυγας,

₁₉ e   καὶ οὐκ ἠθελήσατε.

₂₀ 38   ἰδοὺ ἀφίεται ὑμῖν ὁ οἶκος ὑμῶν ἔρημος.

₂₁ 39a   λέγω *γὰρ ὑμῖν, οὐ μή με / ἴδητε ἀπ᾽ ἄρτι ἕως ἂν □ εἴπητε·

₂₂ b   εὐλογημένος ὁ ἐρχόμενος ἐν ὀνόματι κυρίου.

₂₃

₂₄   Mt 12,11

₂₅

₂₆ 11b   τίς ἔσται ἐξ ὑμῶν ἄνθρωπος ὃς ἕξει *πρόβατον ἓν

₂₇ c   καὶ ἐὰν *ἐμπέσῃ τοῦτο τοῖς σάββασιν / εἰς-*βόθυνον,

₂₈ d   *οὐχὶ □ *κρατήσει αὐτὸ καὶ ἐγερεῖ;

₂₉   11c

₃₀

₃₁   Mt 23,12

₃₂

₃₃ 12a   □ *ὅστις δὲ ὑψώσει ἑαυτὸν ταπεινωθήσεται

₃₄ b   καὶ *ὅστις ταπεινώσει ἑαυτὸν ὑψωθήσεται.

1 [Lc 13,28-30]

2

3 28a ἐκεῖ ἔσται ὁ κλαυθμὸς καὶ ὁ βρυγμὸς τῶν ὀδόντων,

4 b ὅταν ὄψησθε Ἀβραὰμ καὶ Ἰσαὰκ καὶ Ἰακὼβ

5 c καὶ *πάντας τοὺς προφήτας ἐν τῇ βασιλείᾳ τοῦ *θεοῦ,

6 d *ὑμᾶς δὲ

7 ἐκβαλλομένους *ἔξω.

8 29a *καὶ □ ἥξουσιν / ἀπὸ ἀνατολῶν καὶ δυσμῶν καὶ ἀπὸ βορρᾶ καὶ νότου

9 b καὶ ἀνακλιθήσονται ἐν τῇ βασιλείᾳ τοῦ θεοῦ.

10 30a καὶ ἰδοὺ εἰσὶν ἔσχατοι οἳ ἔσονται πρῶτοι,

11 b καὶ εἰσὶν πρῶτοι οἳ ἔσονται ἔσχατοι.

12

13 Lc 13,34-35

14

15 34a Ἰερουσαλὴμ Ἰερουσαλήμ, ἡ ἀποκτείνουσα τοὺς προφήτας

16 b καὶ λιθοβολοῦσα τοὺς ἀπεσταλμένους πρὸς αὐτήν,

17 c ποσάκις ἠθέλησα ἐπισυνάξαι τὰ τέκνα σου

18 d ὃν τρόπον ὄρνις □ τὴν *ἑαυτῆς / *νοσσιὰν ὑπὸ τὰς πτέρυγας,

19 e καὶ οὐκ ἠθελήσατε.

20 35a ἰδοὺ ἀφίεται ὑμῖν ὁ οἶκος ὑμῶν □.

21 b λέγω *δὲ ὑμῖν, οὐ μὴ ἴδητέ / με □ ἕως □ ἥξει ὅτε εἴπητε·

22 c εὐλογημένος ὁ ἐρχόμενος ἐν ὀνόματι κυρίου.

23

24 Lc 14,5

25

26 5b τίνος □ ὑμῶν υἱὸς ἢ *βοῦς □

27 c εἰς *φρέαρ / *πεσεῖται,

28 d καὶ *οὐκ εὐθέως *ἀνασπάσει αὐτὸν □

29 e ἐν ἡμέρᾳ τοῦ σαββάτου;

30

31 Lc 14,11 (= 18,14)

32

33 11a *ὅτι πᾶς *ὁ ὑψῶν ἑαυτὸν ταπεινωθήσεται,

34 b καὶ *ὁ ταπεινῶν ἑαυτὸν ὑψωθήσεται.

35

36 Lc 18,14

37 14b *ὅτι πᾶς *ὁ ὑψῶν ἑαυτὸν ταπεινωθήσεται,

38 c *ὁ *δὲ ταπεινῶν ἑαυτὸν ὑψωθήσεται.

1 Mt 22,2-10

2

3 2a ὡμοιώθη ἡ βασιλεία τῶν οὐρανῶν **ἀνθρώπῳ βασιλεῖ**,

4 b ὅστις **ἐποίησεν** *γάμους τῷ υἱῷ αὐτοῦ □.

5 3a **καὶ ἀπέστειλεν τοὺς δούλους αὐτοῦ**

6 b □ **καλέσαι** τοὺς κεκλημένους

7 c εἰς τοὺς γάμους,

8 d **καὶ οὐκ ἤθελον ἐλθεῖν.**

9 4a πάλιν ἀπέστειλεν ἄλλους δούλους λέγων·

10 b **εἴπατε τοῖς κεκλημένοις·**

11 c ἰδοὺ τὸ ἄριστόν μου ἡτοίμακα,

12 d οἱ ταῦροί μου καὶ τὰ σιτιστὰ τεθυμένα καὶ πάντα **ἕτοιμα·**

13 e *δεῦτε εἰς τοὺς γάμους.

14 5a οἱ *δὲ ἀμελήσαντες ἀπῆλθον,

15 b ὃς μὲν

16 c εἰς τὸν ἴδιον **ἀγρόν,**

17 □

18 d ὃς δὲ

19 e ἐπὶ τὴν ἐμπορίαν αὐτοῦ·

20 □

21 6a οἱ δὲ λοιποὶ

22 □ 3d

23 b κρατήσαντες τοὺς **δούλους** αὐτοῦ ὕβρισαν καὶ ἀπέκτειναν.

24 □

25 7a **ὁ δὲ *βασιλεὺς / ὠργίσθη,**

26 b καὶ πέμψας τὰ στρατεύματα αὐτοῦ ἀπώλεσεν τοὺς φονεῖς ἐκείνους

27 c καὶ τὴν πόλιν αὐτῶν ἐνέπρησεν.

28 8a **τότε *λέγει τοῖς δούλοις αὐτοῦ·**

29 b ὁ μὲν γάμος ἕτοιμός ἐστιν,

30 c **οἱ δὲ κεκλημένοι** οὐκ ἦσαν ἄξιοι·

31 9a *πορεύεσθε οὖν □ *ἐπὶ **τὰς** *διεξόδους τῶν ὁδῶν

32 b **καὶ** ὅσους ἐὰν εὕρητε

33 c *καλέσατε *εἰς τοὺς γάμους.

34 □ 10a

35 □

36 □

37 10a **καὶ ἐξελθόντες οἱ δοῦλοι** ἐκεῖνοι **εἰς τὰς ὁδοὺς**

38 b συνήγαγον πάντας οὓς εὗρον, πονηρούς τε καὶ ἀγαθούς·

39 c καὶ *ἐπλήσθη ὁ *γάμος ἀνακειμένων.

40 □

41 8c

42 □

Lc 14,16-24

16b □ **ἄνθρωπός** τις

c □ ἐποίει *δεῖπνον μέγα □, καὶ ἐκάλεσεν πολλοὺς

17a **καὶ ἀπέστειλεν τὸν δοῦλον αὐτοῦ**

□

b τῇ ὥρᾳ τοῦ δείπνου

20b

□

c εἰπεῖν **τοῖς κεκλημένοις**·

□

□

d *ἔρχεσθε, ὅτι ἤδη **ἕτοιμά** ἐστιν.

18a *καὶ ἤρξαντο ἀπὸ μιᾶς πάντες παραιτεῖσθαι.

b ὁ πρῶτος εἶπεν αὐτῷ·

c **ἀγρὸν** ἠγόρασα καὶ ἔχω ἀνάγκην ἐξελθὼν ἰδεῖν αὐτόν·

d ἐρωτῶ σε, ἔχε με παρῃτημένον.

19a καὶ ἕτερος εἶπεν·

b ζεύγη βοῶν ἠγόρασα πέντε καὶ πορεύομαι δοκιμάσαι αὐτά·

c ἐρωτῶ σε, ἔχε με παρῃτημένον.

20a καὶ ἕτερος εἶπεν·

b γυναῖκα ἔγημα **καὶ** διὰ τοῦτο **οὐ** δύναμαι **ἐλθεῖν.**

21a καὶ παραγενόμενος ὁ **δοῦλος**

b ἀπήγγειλεν τῷ κυρίῳ αὐτοῦ ταῦτα.

c **τότε ὀργισθεὶς** / **ὁ** *οἰκοδεσπότης

□

□

d □ *εἶπεν τῷ **δούλῳ αὐτοῦ**·

□

24b

e *ἔξελθε □ ταχέως *εἰς **τὰς** *πλατείας καὶ ῥύμας τῆς πόλεως

f **καὶ** τοὺς πτωχοὺς καὶ ἀναπείρους καὶ τυφλοὺς καὶ χωλοὺς

g *εἰσάγαγε *ὧδε.

22a **καὶ** εἶπεν **ὁ δοῦλος**·

b κύριε, γέγονεν ὃ ἐπέταξας, καὶ ἔτι τόπος ἐστίν.

23a καὶ εἶπεν ὁ κύριος πρὸς τὸν δοῦλον·

b **ἔξελθε εἰς τὰς ὁδοὺς** καὶ φραγμοὺς καὶ ἀνάγκασον εἰσελθεῖν,

□

c ἵνα *γεμισθῇ μου **ὁ** *οἶκος·

24a λέγω γὰρ ὑμῖν ὅτι

b οὐδεὶς τῶν ἀνδρῶν ἐκείνων τῶν **κεκλημένων**

c γεύσεταί μου τοῦ δείπνου.

1　　　Mt 10,37

2

3　　□

4 37a ὁ φιλῶν □ **πατέρα** □ *ἢ □ **μητέρα** ὑπὲρ ἐμὲ

5　　　　　□　　37c

6　　　　　□

7　　　　　□

8　b　**οὐκ** □ ἔστιν **μου** *ἄξιος,

9　c　καὶ ὁ φιλῶν *υἱὸν *ἢ θυγατέρα ὑπὲρ ἐμὲ

10　d　οὐκ ἔστιν μου ἄξιος·

11 38a καὶ *ὃς οὐ *λαμβάνει **τὸν σταυρὸν** *αὐτοῦ

12　b　　**καὶ** *ἀκολουθεῖ **ὀπίσω μου,**

13　c　οὐκ □ ἔστιν **μου** *ἄξιος.

14

15　　　Mt 5,13

16

17 13a ὑμεῖς ἐστε **τὸ ἅλας** τῆς γῆς·

18　b　**ἐὰν δὲ** □ **τὸ ἅλας μωρανθῇ,**

19　c　　**ἐν τίνι** *ἀλισθήσεται;

20　d　**εἰς** *οὐδὲν *ἰσχύει ἔτι

21　e　　εἰ μὴ **β**ληθὲν / ἔξω καταπατεῖσθαι ὑπὸ τῶν ἀνθρώπων.

22

23　　　Mt 18,12-14

24

25 12a　τί ὑμῖν δοκεῖ;

26　b ἐὰν *γένηταί *τινι **ἀνθρώπῳ** □ **ἑκατὸν πρόβατα**

27　c　　**καὶ** *πλανηθῇ **ἓν** / ἐξ **αὐτῶν,**

28　d　*οὐχὶ *ἀφήσει **τὰ ἐνενήκοντα ἐννέα** *ἐπὶ τὰ *ὄρη

29　e　　**καὶ πορευθεὶς** □ *ζητεῖ τὸ *πλανώμενον;

30 13a　**καὶ** ἐὰν γένηται εὑρεῖν **αὐτό,** □ 13c

31　　　□

32　　　□

33　　　□

34　　　□

35　b ἀμὴν λέγω **ὑμῖν** ὅτι

36　c　**χαίρει** 14ab

37　d　　ἐπ᾽ *αὐτῷ μᾶλλον **ἢ**

38　e　　**ἐπὶ τοῖς ἐνενήκοντα ἐννέα** □

39　f　　　*τοῖς *μὴ πεπλανημένοις.

40 14a **οὕτως** οὐκ **ἔστιν** θέλημα

41　b　　ἔμπροσθεν τοῦ πατρὸς ὑμῶν τοῦ ἐν □ **οὐρανοῖς**

42　c　ἵνα ἀπόληται ἓν τῶν μικρῶν τούτων.

1 Lc 14,26-27

2

3 26a εἴ τις ἔρχεται πρός με
4 b   καὶ οὐ μισεῖ τὸν **πατέρα** ἑαυτοῦ *καὶ τὴν **μητέρα**
5 c   καὶ τὴν γυναῖκα *καὶ τὰ *τέκνα
6 d   καὶ τοὺς ἀδελφοὺς καὶ τὰς ἀδελφὰς
7 e   ἔτι τε καὶ τὴν ψυχὴν ἑαυτοῦ,
8 f   οὐ δύναται εἶναί **μου** *μαθητής.
9   □   26c
10   □
11 27a □ *ὅστις οὐ *βαστάζει τὸν σταυρὸν *ἑαυτοῦ
12 b   καὶ *ἔρχεται ὀπίσω μου,
13 c   οὐ δύναται εἶναί **μου** *μαθητής.

14

15 Lc 14,34-35

16

17 34a καλὸν οὖν τὸ **ἅλας·**
18 b   **ἐὰν δὲ καὶ τὸ ἅλας μωρανθῇ,**
19 c   **ἐν τίνι** *ἀρτυθήσεται;
20 35a *οὔτε εἰς γῆν οὔτε εἰς κοπρίαν *εὔθετόν ἐστιν,
21 b   **ἔξω** / **βάλλουσιν** αὐτό □.

22

23 Lc 15,4-7

24

25   □

26 4a □ *τίς **ἄνθρωπος ἐξ** ὑμῶν *ἔχων **ἑκατὸν πρόβατα**
27 b   **καὶ** *ἀπολέσας **ἐξ αὐτῶν** / ἓν
28 c   *οὐ *καταλείπει **τὰ ἐνενήκοντα ἐννέα** *ἐν τῇ *ἐρήμῳ
29 d   **καὶ πορεύεται** ἐπὶ τὸ *ἀπολωλὸς ἕως *εὕρῃ **αὐτό;**
30 5   **καὶ εὑρὼν** □ ἐπιτίθησιν ἐπὶ τοὺς ὤμους αὐτοῦ **χαίρων**
31 6a   **καὶ ἐλθὼν** εἰς τὸν οἶκον
32 b   συγκαλεῖ τοὺς φίλους καὶ τοὺς γείτονας λέγων αὐτοῖς·
33 c   συγχάρητέ μοι,
34 d   ὅτι εὗρον τὸ πρόβατόν μου τὸ ἀπολωλός.
35 7a □ **λέγω ὑμῖν ὅτι**
36 b   οὕτως *χαρὰ ἐν τῷ **οὐρανῷ ἔσται**
37 c   ἐπὶ ἑνὶ *ἁμαρτωλῷ μετανοοῦντι □ **ἢ**
38 d   **ἐπὶ** □ **ἐνενήκοντα ἐννέα** δικαίοις
39 e   *οἵτινες *οὐ χρείαν ἔχουσιν μετανοίας.
40   7b
41   7b
42   7c

1 Mt 6,24

2

3 24a οὐδεὶς □ δύναται δυσὶ κυρίοις δουλεύειν·

4 b ἢ γὰρ τὸν ἕνα μισήσει καὶ τὸν ἕτερον ἀγαπήσει,

5 c ἢ ἑνὸς ἀνθέξεται καὶ τοῦ ἑτέρου καταφρονήσει.

6 d οὐ δύνασθε θεῷ δουλεύειν καὶ μαμωνᾷ.

7

8 Mt 11,12-13

9

10 13

11 12a ἀπὸ δὲ τῶν *ἡμερῶν Ἰωάννου τοῦ βαπτιστοῦ ἕως ἄρτι

12 b ἡ βασιλεία τῶν *οὐρανῶν *βιάζεται,

13 c καὶ βιασταὶ *ἁρπάζουσιν / αὐτήν.

14 13 πάντες γὰρ οἱ προφῆται / καὶ / ὁ νόμος *ἕως Ἰωάννου ἐπροφήτευσαν.

15

16 Mt 5,18

17

18 18b ἕως ἂν παρέλθῃ / ὁ οὐρανὸς καὶ ἡ γῆ,

19 c ἰῶτα ἓν ἢ μία κεραία οὐ μὴ *παρέλθῃ / ἀπὸ τοῦ νόμου,

20 d ἕως ἂν πάντα γένηται.

21

22 Mt 5,32

23

24 32b πᾶς ὁ ἀπολύων τὴν γυναῖκα αὐτοῦ παρεκτὸς λόγου πορνείας □

25 c ποιεῖ αὐτὴν μοιχευθῆναι,

26 d καὶ *ὃς ἐὰν ἀπολελυμένην □ γαμήσῃ,

27 e *μοιχᾶται.

28

29 Mt 18,7

30

31 7a οὐαὶ τῷ κόσμῳ ἀπὸ τῶν σκανδάλων·

32 b *ἀνάγκη γὰρ □ ἐλθεῖν / τὰ σκάνδαλα,

33 c πλὴν οὐαὶ τῷ ἀνθρώπῳ δι' οὗ τὸ σκάνδαλον ἔρχεται.

34

35 Mt 18,15.21-22

36

37 15a ἐὰν δὲ ἁμαρτήσῃ εἰς σὲ ὁ ἀδελφός σου,

38 b ὕπαγε *ἔλεγξον αὐτὸν μεταξὺ σοῦ καὶ αὐτοῦ μόνου.

39 c □ ἐάν σου *ἀκούσῃ, *ἐκέρδησας τὸν *ἀδελφόν σου.

40 21b … κύριε, ποσάκις ἁμαρτήσει εἰς *ἐμὲ ὁ ἀδελφός μου

41 c καὶ ἀφήσω αὐτῷ; ἕως ἑπτάκις;

42 22a λέγει αὐτῷ ὁ Ἰησοῦς· οὐ λέγω σοι ἕως ἑπτάκις,

43 b ἀλλὰ ἕως ἑβδομηκοντάκις ἑπτά.

1   Lc 16,13

2

3 13a οὐδεὶς οἰκέτης δύναται δυσὶ κυρίοις δουλεύειν·

4   b   ἢ γὰρ τὸν ἕνα μισήσει καὶ τὸν ἕτερον ἀγαπήσει,

5   c   ἢ ἑνὸς ἀνθέξεται καὶ τοῦ ἑτέρου καταφρονήσει.

6   d οὐ δύνασθε θεῷ δουλεύειν καὶ μαμωνᾷ.

7

8   Lc 16,16

9

10 16a ὁ νόμος / καὶ / □ οἱ προφῆται *μέχρι Ἰωάννου □·

11   b   ἀπὸ *τότε □

12   c   ἡ βασιλεία τοῦ *θεοῦ *εὐαγγελίζεται

13   d   καὶ πᾶς εἰς αὐτὴν / *βιάζεται.

14   16a

15

16   Lc 16,17

17

18 17a εὐκοπώτερον δέ ἐστιν τὸν οὐρανὸν καὶ τὴν γῆν / παρελθεῖν

19   b   ἢ □ τοῦ νόμου / □ μίαν κεραίαν *πεσεῖν.

20   □

21

22   Lc 16,18

23

24 18a πᾶς ὁ ἀπολύων τὴν γυναῖκα αὐτοῦ □ καὶ γαμῶν ἑτέραν

25   b   □ μοιχεύει,

26   c καὶ *ὁ ἀπολελυμένην ἀπὸ ἀνδρὸς γαμῶν

27   d   *μοιχεύει.

28

29   Lc 17,1

30

31   □

32 1b *ἀνένδεκτόν □ ἐστιν τοῦ τὰ σκάνδαλα / μὴ ἐλθεῖν,

33   c   πλὴν οὐαὶ □ δι᾽ οὗ □ ἔρχεται·

34

35   Lc 17,3-4

36

37 3b ἐὰν □ ἁμάρτῃ □ ὁ ἀδελφός σου

38   c   □ *ἐπιτίμησον αὐτῷ □,

39   d   καὶ ἐὰν *μετανοήσῃ *ἄφες *αὐτῷ.

40 4a καὶ ἐὰν ἑπτάκις τῆς ἡμέρας ἁμαρτήσῃ εἰς *σὲ □

41   b   καὶ ἑπτάκις ἐπιστρέψῃ πρὸς σὲ λέγων· μετανοῶ,

42   c   ἀφήσεις αὐτῷ.

43   □

1   Mt 17,20

2

3 20b ἀμὴν γὰρ λέγω ὑμῖν,

4   c   *ἐὰν ἔχητε **πίστιν ὡς κόκκον σινάπεως,**

5   d   *ἐρεῖτε □ τῷ *ὄρει τούτῳ·

6   e   *μετάβα ἔνθεν ἐκεῖ □,

7   f   **καὶ** *μεταβήσεται· καὶ οὐδὲν ἀδυνατήσει **ὑμῖν.**

8

9   Mt 24,26-27.28.37-41; 10,39

10

11 26a ἐὰν *οὖν *εἴπωσιν **ὑμῖν· ἰδοὺ** *ἐν τῇ ἐρήμῳ ἐστίν,

12 b   **μὴ** *ἐξέλθητε·

13 c   □ **ἰδοὺ** *ἐν τοῖς ταμείοις,

14 d   *μὴ *πιστεύσητε·

15 27a **ὥσπερ γὰρ ἡ ἀστραπὴ** *ἐξέρχεται *ἀπὸ *ἀνατολῶν

16 b   καὶ *φαίνεται / *ἕως *δυσμῶν,

17 c   **οὕτως ἔσται ἡ** *παρουσία **τοῦ υἱοῦ τοῦ ἀνθρώπου·**

18 37a *ὥσπερ *γὰρ □ **αἱ ἡμέραι τοῦ Νῶε,**

19 b   **οὕτως ἔσται** □ **ἡ** *παρουσία **τοῦ υἱοῦ τοῦ ἀνθρώπου.**

20 38a ὡς γὰρ ἦσαν ἐν ταῖς ἡμέραις ἐκείναις ταῖς πρὸ τοῦ κατακλυσμοῦ

21 b   *τρώγοντες καὶ **πίνοντες, γαμοῦντες καὶ γαμίζοντες,**

22 c   **ἄχρι ἧς ἡμέρας εἰσῆλθεν Νῶε εἰς τὴν κιβωτόν,**

23 39a **καὶ** οὐκ ἔγνωσαν ἕως **ἦλθεν ὁ κατακλυσμὸς καὶ** *ἦρεν *ἅπαντας,

24   □

25   □

26   □

27   □

28 b   *οὕτως **ἔσται καὶ ἡ** *παρουσία **τοῦ υἱοῦ τοῦ ἀνθρώπου** □.

29   10,39a *ὁ □ *εὑρὼν **τὴν ψυχὴν αὐτοῦ** □

30   b   **ἀπολέσει αὐτήν,**

31   c   *καὶ *ὁ **ἀπολέσας τὴν ψυχὴν** αὐτοῦ ἕνεκεν ἐμοῦ

32   d   *εὑρήσει **αὐτήν.**

33 40a □ *τότε **δύο** / **ἔσονται** *ἐν τῷ *ἀγρῷ,

34 b   □ **εἷς παραλαμβάνεται καὶ** □ *εἷς **ἀφίεται·**

35 41a □ **δύο ἀλήθουσαι** *ἐν τῷ *μύλῳ,

36 b   □ **μία παραλαμβάνεται** *καὶ □ *μία **ἀφίεται.**

37   □

38   □

39 28 **ὅπου ἐὰν ᾖ τὸ** *πτῶμα, **ἐκεῖ** □ *συναχθήσονται / **οἱ ἀετοί.**

Lc 17,6

□

6b *εἰ ἔχετε **πίστιν** ὡς **κόκκον σινάπεως,**

c *ἐλέγετε ἂν τῇ *συκαμίνῳ ταύτῃ·

d *ἐκριζώθητι καὶ φυτεύθητι ἐν τῇ θαλάσσῃ·

e καὶ *ὑπήκουσεν ἂν □ ὑμῖν.

Lc 17,23-24.26-30.33-35.37

23a *καὶ □ *ἐροῦσιν **ὑμῖν·** **ἰδοὺ** *ἐκεῖ □,

b ἤ· **ἰδοὺ** *ὧδε·

c **μὴ ἀπέλθητε**

d *μηδὲ *διώξητε.

24a ὥσπερ γὰρ ἡ **ἀστραπὴ** *ἀστράπτουσα *ἐκ τῆς *ὑπὸ τὸν οὐρανὸν

b *εἰς τὴν *ὑπ᾽ οὐρανὸν / *λάμπει,

c **οὕτως ἔσται ὁ υἱὸς τοῦ ἀνθρώπου** ἐν τῇ *ἡμέρᾳ αὐτοῦ.

26a *καὶ *καθὼς ἐγένετο ἐν ταῖς ἡμέραις □ **Νῶε,**

b **οὕτως ἔσται** καὶ ἐν ταῖς *ἡμέραις **τοῦ υἱοῦ τοῦ ἀνθρώπου·**

□

27a *ἤσθιον □, ἔπινον, ἐγάμουν □, ἐγαμίζοντο,

b **ἄχρι ἧς ἡμέρας εἰσῆλθεν Νῶε εἰς τὴν κιβωτὸν**

c **καὶ** □ **ἦλθεν ὁ κατακλυσμὸς καὶ *ἀπώλεσεν *πάντας.**

28a ὁμοίως καθὼς ἐγένετο ἐν ταῖς ἡμέραις Λώτ·

b ἤσθιον, ἔπινον, ἠγόραζον, ἐπώλουν, ἐφύτευον, ᾠκοδόμουν·

29a ᾗ δὲ ἡμέρᾳ ἐξῆλθεν Λὼτ ἀπὸ Σοδόμων,

b ἔβρεξεν πῦρ καὶ θεῖον ἀπ᾽ οὐρανοῦ καὶ ἀπώλεσεν πάντας.

30 *κατὰ τὰ αὐτὰ **ἔσται** □ ᾗ *ἡμέρᾳ **ὁ υἱὸς τοῦ ἀνθρώπου** ἀποκαλύπτεται.

33a *ὃς ἐὰν *ζητήσῃ τὴν ψυχὴν αὐτοῦ περιποιήσασθαι

b **ἀπολέσει αὐτήν,**

c *ὃς *δ᾽ ἂν **ἀπολέσῃ** □

d *ζῳογονήσει αὐτήν.

34a λέγω ὑμῖν, ταύτῃ τῇ *νυκτὶ **ἔσονται** / δύο *ἐπὶ *κλίνης μιᾶς,

b ὁ εἷς **παραλημφθήσεται** καὶ ὁ *ἕτερος **ἀφεθήσεται·**

35a ἔσονται **δύο ἀλήθουσαι** *ἐπὶ τὸ *αὐτό,

b ἡ **μία παραλημφθήσεται** ἡ *δὲ *ἑτέρα **ἀφεθήσεται.**

37a καὶ ἀποκριθέντες λέγουσιν αὐτῷ· ποῦ, κύριε;

b ὁ δὲ εἶπεν αὐτοῖς·

c **ὅπου** □ **τὸ *σῶμα, ἐκεῖ καὶ οἱ ἀετοὶ** / *ἐπισυναχθήσονται.

1   Mt 25,14-30

2

3 14a ὥσπερ γὰρ **ἄνθρωπος** □ *ἀποδημῶν □

4   □

5   b ἐκάλεσεν □ τοὺς *ἰδίους **δούλους**

6   c καὶ *παρέδωκεν **αὐτοῖς** τὰ *ὑπάρχοντα αὐτοῦ,

7 15a   καὶ ᾧ μὲν **ἔδωκεν** πέντε *τάλαντα, ᾧ δὲ δύο, ᾧ δὲ ἕν,

8   b   ἑκάστῳ κατὰ τὴν ἰδίαν δύναμιν,

9   c καὶ *ἀπεδήμησεν.

10 16a   εὐθέως¹ πορευθεὶς ὁ τὰ πέντε τάλαντα λαβὼν

11   b   ***ἠργάσατο** ἐν αὐτοῖς καὶ ἐκέρδησεν ἄλλα πέντε.

12 17a   ὡσαύτως ὁ τὰ δύο

13   b   ἐκέρδησεν ἄλλα δύο.

14 18a   ὁ δὲ τὸ ἓν λαβὼν ἀπελθὼν

15   b   ὤρυξεν γῆν καὶ ἔκρυψεν **τὸ ἀργύριον** τοῦ κυρίου αὐτοῦ.

16 19a   μετὰ *δὲ πολὺν χρόνον *ἔρχεται ὁ *κύριος □

17   b   □ τῶν **δούλων** *ἐκείνων

18   c   καὶ *συναίρει λόγον μετ' αὐτῶν.

19 20a *καὶ *προσελθὼν **ὁ** τὰ πέντε τάλαντα λαβὼν

20   b   προσήνεγκεν ἄλλα πέντε τάλαντα λέγων·

21   c   **κύριε,** πέντε *τάλαντά μοι παρέδωκας·

22   d   ἴδε ἄλλα πέντε *τάλαντα *ἐκέρδησα. 16b

23 21a □ *ἔφη **αὐτῷ** ὁ κύριος αὐτοῦ·

24   b   *εὖ, **δοῦλε** / **ἀγαθὲ** καὶ πιστέ, □ *ἐπὶ *ὀλίγα *ἦς / **πιστός,**

25   c   *ἐπὶ πολλῶν / σε *καταστήσω·

26   d   εἴσελθε εἰς τὴν χαρὰν τοῦ κυρίου σου.

27 22a *προσελθὼν *δὲ καὶ **ὁ** τὰ δύο τάλαντα *εἶπεν·

28   b   **κύριε,** / δύο *τάλαντά μοι παρέδωκας·

29   c   ἴδε ἄλλα *δύο *τάλαντα *ἐκέρδησα.

30 23a *ἔφη *αὐτῷ ὁ κύριος αὐτοῦ·

31   b   εὖ, δοῦλε ἀγαθὲ καὶ πιστέ, ἐπὶ ὀλίγα ἦς πιστός,

32   c   *ἐπὶ πολλῶν / **σε** / *καταστήσω·

33   d   εἴσελθε εἰς τὴν χαρὰν τοῦ κυρίου σου.

34 24a *προσελθὼν *δὲ καὶ **ὁ** τὸ ἓν τάλαντον εἰληφὼς *εἶπεν·

35   b   **κύριε,** 25ab

36   25a

37   c   *ἔγνων □ **σε, ὅτι** *σκληρὸς **εἶ** / **ἄνθρωπος,**

38   d   **θερίζων** *ὅπου **οὐκ ἔσπειρας** / **καὶ** / *συνάγων *ὅθεν **οὐ** *διεσκόρπισας,

39 25a   καὶ **φοβηθεὶς** ἀπελθὼν ἔκρυψα τὸ *τάλαντόν σου **ἐν τῇ γῇ**·

40   b   ***ἴδε** ἔχεις τὸ σόν.

1   Lc 19,12-27

2

3 12b □ **ἄνθρωπός** τις εὐγενὴς *ἐπορεύθη εἰς χώραν μακρὰν

4   c   λαβεῖν ἑαυτῷ βασιλείαν καὶ ὑποστρέψαι.

5 13a **καλέσας** δὲ δέκα **δούλους** *ἑαυτοῦ

6   b   □ ***ἔδωκεν αὐτοῖς** δέκα *μνᾶς

7   □

8   c   καὶ εἶπεν πρὸς αὐτούς·

9   d   *πραγματεύσασθε ἐν ᾧ *ἔρχομαι.

10 14a οἱ δὲ πολῖται αὐτοῦ ἐμίσουν αὐτὸν

11   b   καὶ ἀπέστειλαν πρεσβείαν ὀπίσω αὐτοῦ λέγοντες·

12   c   οὐ θέλομεν τοῦτον βασιλεῦσαι ἐφ' ἡμᾶς.

13   □

14   □

15   □ 15c

16 15a *καὶ ἐγένετο □ ἐν τῷ *ἐπανελθεῖν *αὐτὸν λαβόντα τὴν βασιλείαν

17   b   καὶ εἶπεν φωνηθῆναι αὐτῷ τοὺς **δούλους** *τούτους

18   c   οἷς δεδώκει **τὸ ἀργύριον**, ἵνα *γνοῖ τί διεπραγματεύσαντο.

19 16a *παρεγένετο *δὲ ὁ πρῶτος

20   b   □ **λέγων·**

21   c   **κύριε,** ἡ *μνᾶ σου,

22   d   δέκα *προσηργάσατο *μνᾶς.

23 17a καὶ *εἶπεν **αὐτῷ** □·

24   b   *εὖγε, **ἀγαθὲ** / **δοῦλε** □, ὅτι *ἐν *ἐλαχίστῳ **πιστὸς** / *ἐγένου,

25   c   *ἴσθι ἐξουσίαν ἔχων / *ἐπάνω δέκα πόλεων.

26   □

27 18a *καὶ *ἦλθεν ὁ δεύτερος *λέγων·

28   b   ἡ *μνᾶ σου, / **κύριε,**

29   c   *ἐποίησεν *πέντε *μνᾶς.

30 19a *εἶπεν δὲ □ καὶ *τούτῳ·

31   □

32   b   καὶ σὺ / *ἐπάνω *γίνου / πέντε πόλεων.

33   □

34 20a *καὶ ὁ ἕτερος *ἦλθεν *λέγων·

35   b   **κύριε,** *ἰδοὺ ἡ *μνᾶ σου,

36   c   ἣν εἶχον ἀποκειμένην ἐν σουδαρίῳ·

37 21a *ἐφοβούμην γάρ σε, ὅτι **ἄνθρωπος** / *αὐστηρὸς **εἶ**,

38   b   *αἴρεις *ὃ οὐκ *ἔθηκας / καὶ / θερίζεις *ὃ **οὐκ ἔσπειρας.**

39   21a.20bc

40   20b

1   [Mt 25,26-30]

2

3 26a ἀποκριθεὶς δὲ ὁ κύριος αὐτοῦ *εἶπεν **αὐτῷ**·

4 b   □ **πονηρὲ δοῦλε** καὶ **ὀκνηρέ,**

5 c   **ἤδεις ὅτι** □

6 d   **θερίζω** *ὅπου **οὐκ ἔσπειρα** / **καὶ** / *συνάγω *ὅθεν **οὐ** *διεσκόρπισα;

7 27a   **ἔδει σε οὖν** *βαλεῖν **τὰ ἀργύριά** / **μου** τοῖς *τραπεζίταις,

8 b   *καὶ ἐλθὼν / ἐγὼ *ἐκομισάμην / ἂν τὸ *ἐμὸν / σὺν τόκῳ.

9   □

10 28a **ἄρατε οὖν ἀπ᾽ αὐτοῦ τὸ** *τάλαντον

11 b   **καὶ δότε τῷ ἔχοντι** / **τὰ δέκα** *τάλαντα·

12   □

13   □

14 29a **τῷ γὰρ ἔχοντι** / **παντὶ δοθήσεται καὶ περισσευθήσεται,**

15 b   **τοῦ δὲ μὴ ἔχοντος καὶ ὃ ἔχει ἀρθήσεται** / **ἀπ᾽** αὐτοῦ.

16   □

17 30a καὶ τὸν ἀχρεῖον δοῦλον ἐκβάλετε εἰς τὸ σκότος τὸ ἐξώτερον.

18 b   ἐκεῖ ἔσται ὁ κλαυθμὸς καὶ ὁ βρυγμὸς τῶν ὀδόντων.

19

20   Mt 19,28

21

22 28b ἀμὴν λέγω ὑμῖν ὅτι

23 c   **ὑμεῖς** □ **οἱ** *ἀκολουθήσαντές **μοι,**

24   □

25   □

26   □

27   □

28 d   **ἐν τῇ** *παλιγγενεσίᾳ,

29 e   ὅταν καθίσῃ ὁ υἱὸς τοῦ ἀνθρώπου ἐπὶ θρόνου δοξῆς αὐτοῦ,

30 f   □ **καθήσεσθε** καὶ **ὑμεῖς ἐπὶ δώδεκα θρόνους**

31 g   **κρίνοντες** / **τὰς δώδεκα φυλὰς τοῦ Ἰσραήλ.**

1   [Lc 19,22-27]

2

3 22a □ *λέγει **αὐτῷ·**

4   b ἐκ τοῦ στόματός σου κρινῶ σε, **πονηρὲ δοῦλε** □·

5   c **ᾔδεις ὅτι** ἐγὼ ἄνθρωπος αὐστηρός εἰμι,

6   d *αἴρων *ὃ **οὐκ** *ἔθηκα / **καὶ** / θερίζων *ὃ **οὐκ ἔσπειρα;**

7 23a καὶ διὰ τί οὐκ *ἔδωκάς **μου** / τὸ **ἀργύριον** ἐπὶ *τράπεζαν;

8   b ***κἀγὼ** / **ἐλθὼν σὺν τόκῳ** / ἂν *αὐτὸ / *ἔπραξα.

9 24a καὶ τοῖς παρεστῶσιν εἶπεν·

10   b **ἄρατε** □ **ἀπ' αὐτοῦ** τὴν *μνᾶν

11   c **καὶ δότε τῷ τὰς δέκα** *μνᾶς / **ἔχοντι**

12 25 - καὶ εἶπαν αὐτῷ· κύριε, ἔχει δέκα μνᾶς -

13 26a λέγω ὑμῖν ὅτι

14   b **παντὶ** □ / **τῷ ἔχοντι δοθήσεται** □,

15   c **ἀπὸ** / **δὲ τοῦ μὴ ἔχοντος καὶ ὃ ἔχει ἀρθήσεται.**

16 27a πλὴν τοὺς ἐχθρούς μου τούτους

17   b τοὺς μὴ θελήσαντάς με βασιλεῦσαι ἐπ' αὐτοὺς

18   c ἀγάγετε ὧδε καὶ κατασφάξατε αὐτοὺς ἔμπροσθέν μου.

19

20   Lc 22,28-30

21

22   □

23 28a **ὑμεῖς** δέ ἐστε **οἱ** *διαμεμενηκότες μετ' ἐμοῦ

24   b ἐν τοῖς πειρασμοῖς μου·

25 29a κἀγὼ διατίθεμαι ὑμῖν

26   b καθὼς διέθετό μοι ὁ πατήρ μου βασιλείαν,

27 30a ἵνα ἔσθητε καὶ πίνητε ἐπὶ τῆς τραπέζης μου

28   b **ἐν τῇ** *βασιλείᾳ μου,

29   □

30   c **καὶ καθήσεσθε** □ **ἐπὶ** □ **θρόνων**

31   d **τὰς δώδεκα φυλὰς** / **κρίνοντες τοῦ** Ἰσραήλ.

A SYNOPSIS OF Q

In 1979 I concluded my presentation of Athanasius Polag's *Fragmenta Q* with a plea for a Greek Synopsis of Q as a separate tool, different from a reconstruction of the Q text[1]. Such a synopsis is now provided in John S. Kloppenborg's impressive and multifaceted book of *Q Parallels*[2] and in my own, more modest *Q-Synopsis*[3].

The "Synopsis and Critical Notes" constitute the main body of Kloppenborg's *Q Parallels* (pp. 1-203). For each section of Q it contains not only a synoptic presentation of the Greek text of Matthew and Luke but also a selective text-critical apparatus, *Notes* on the critical opinion in regard to the inclusion in Q (with lists of authors and indication of the reasons for and against inclusion), *Parallels* from the Old Testament (quoted or alluded to), from Mark, John, patristic writers, agrapha, apocryphal gospels, etc., and finally the English translation of all those texts and parallels, which are first quoted in the original language (including numerous Coptic excerpts from the Nag Hammadi codices), and listed at the end of the book in an *Index Locorum* (pp. 247-249). The second part of the book is a complete *Concordance* of the Q vocabulary, with introduction (pp. 207-235) and a list of "Formulae and Compound Christological Titles" (pp. 237-238: the λέγω ὑμῖν/σοι formula and the titles: the Coming One, Son of God, Son of Man). A *Bibliography* of primary and secondary sources is appended (pp. 239-246).

The Greek synopsis of the Q text in *Q Parallels* can be compared with *Q-Synopsis*. Both synopses have been arranged in the usual Lukan order. *Q-Synopsis*, which is not meant to propose a reconstruction of the Q source, strictly follows the order of Luke. The arrangement in *Q Parallels* is a less neutral one. The placement of Lk 17,33 in parallel with Mt 10,39, following on

---

1. F. NEIRYNCK, *L'édition du texte de Q*, in *ETL* 55 (1979) 373-381, p. 381 (reprinted in *Evangelica*, 925-933, p. 933). Cf. A. POLAG, *Fragmenta Q. Textheft zur Logienquelle*, Neukirchen: Neukirchener Verlag, 1979, ²1982. An English translation of Polag's reconstruction (without the apparatus) is found in Ivan HAVENER, *Q: The Sayings of Jesus* (Good News Studies, 19), Wilmington, DE: Michael Glazier, 1987, pp. 107-165.
Wolfgang Schenk published a synopsis of Q in German translation: W. SCHENK, *Synopse zur Redenquelle der Evangelien. Q-Synopse und Rekonstruktion in deutscher Übersetzung mit kurzen Erläuterungen*, Düsseldorf: Patmos Verlag, 1981. On his reconstruction of Q, see F. NEIRYNCK, *Recent Developments in the Study of Q*, in J. DELOBEL (ed.), *Logia. Les paroles de Jésus – The Sayings of Jesus* (BETL, 59), Leuven, University Press & Peeters, 1982, pp. 29-75, esp. 36-37 (extent of Q), 40-41 (structure), 42-43 (Mark and Q), 54-55 (redaction).
2. J.S. KLOPPENBORG, *Q Parallels. Synopsis, Critical Notes, & Concordance*, Sonoma, CA: Polebridge Press, 1988, xxxv-249 p., 20 × 24.
John S. Kloppenborg (Windsor, Canada) has written a dissertation on the Q source: "The Literary Genre of the Synoptic Sayings Source", Toronto, 1984, recently published as: *The Formation of Q. Trajectories in Ancient Wisdom Collections*, Philadelphia: Fortress, 1987.
3. F. NEIRYNCK, *Q-Synopsis. The Double Tradition Passages in Greek* (Studiorum Novi Testamenti Auxilia, 13), Leuven: University Press & Peeters, 1988, 63 p.

Lk 14,26-27 (S56), expresses the editor's view on Lukan dislocation[4]. Lk 13,34-35 and 16,16 are displayed twice, at the Lukan location (S52 and S61) and at the Matthean location, Mt 23,37-39, following on Lk 11,37-52 (S34), and Mt 11,12-13, following on Lk 7,24-28, here in the Matthean order: Lk 16,16b.a (S18)[5]. The Matthean order within the pericope is also adopted in Lk 4,9-12.5-8 (S6); 11,42.39-41 (S34) and 13,29.28 (S51). In view of the parallel in the other gospel, some verses are printed twice in the same pericope: Mt 7,16b; Lk 6,44b (S13); Mt 10,7.11 (S22); Mt 23,4.6.13; Lk 11,43.46.52 (S34); Mt 24,28; Lk 17,37 (S66).

Verbal Agreements and Sense-lines

Q Parallels denotes three categories of agreement in the (unbracketed) Q text: verbatim agreement in inflected form (bolded and underscored)[6]; agreement in dictionary form but not in inflected form (underscored); no verbatim agreement in the parallel text (normal font). Special attention has been given to the presentation of the parallels in *Q-Synopsis*. The Matthew/Luke parallels are written in sense-lines, and not in a continuous text. Each page is divided into numbered lines (nos. 1-43, in the left margin) and the corresponding texts of Matthew and Luke are normally printed on the same line. Differing locations of phrases or words are signaled with the verse number (and its subdivision: lines a, b, c, etc.). The sign / indicates inversions of order. No underscoring is used. Complete agreements of words (in inflected form) or partial agreements (in dictionary form but not in inflected form) are printed in bold. Synonyms and substitutes are marked with an asterisk. In the case of compounds, the asterisk is combined with bold printing (e.g., Mt *ἐπιγινώσκει, Lk *γινώσκει)[7]. In addition, the sign □ indicates ad-omissions; this sign appears where a whole line, a phrase, or a word of the other gospel has no parallel. See, e.g.,

---

4. See *The Formation of Q*, pp. 159-160 (Lk 17,33). Cf. pp. 64-80: "The Original Order of Q".

5. For Kloppenborg, the original setting of Lk 16,16 is unrecoverable (p. 56; cf. *The Formation of Q*, pp. 113-114). On the debate concerning the original context of Lk 13,34-35, see p. 158 (cf. *The Formation of Q*, pp. 227-229). Note also the repetition of Lk 11,16 (S29) in S32.

6. The underscoring of the bolded text, not in the earlier version of the synopsis (privately circulated in 1987; cf. p. xiv), has contributed greatly to the harmonization of synopsis and Concordance: the words that are underscored in the synopsis are asterisked in the Concordance and represent the minimal Q vocabulary. Unfortunately, no distinction is made between underscoring with a continuous line (for words in the same uninterrupted sequence in both gospels) and with an interrupted line. One would expect an interruption of the line, e.g., in Lk 4,6 σοὶ δώσω (Mt σοι πάντα δώσω); 4,7 ἐὰν προσκυνήσῃς (Mt ἐὰν πεσὼν προσκυνήσῃς); 4,9 αὐτὸν εἰς (Mt αὐτὸν ὁ διάβολος εἰς; Mt 4,10 αὐτῷ ὁ Ἰησοῦς (Lk ὁ Ἰησοῦς εἶπεν αὐτῷ); etc.

7. See the Concordance in *Q Parallels*: marked with (*). The synonyms and substitutes are now also noted in the Concordance (not in the earlier version: cf. *supra*, n. 6). Thus, e.g., γινώσκω (→ οἶδα): Mt 16,3 (ο). Cf. *Q-Synopsis*: Mt 16,3 *γινώσκετε *διακρίνειν, Lk 12,56 *οἴδατε *δοκιμάζειν. In contrast to *Q-Synopsis*, the synopsis in *Q Parallels* does not distinguish between words with a substitute in the other gospel and additional words.

Mt 3,11a ἐγὼ μὲν ὑμᾶς / **βαπτίζω** / ἐν ὕδατι εἰς μετάνοιαν,
Lk 3,16b ἐγὼ μὲν □ ὕδατι / **βαπτίζω** / ὑμᾶς □·
Mt 4,3a *καὶ προσελθὼν ὁ *πειράζων / εἶπεν αὐτῷ·
Lk 4,3a εἶπεν *δὲ αὐτῷ / □ ὁ *διάβολος·
Mt 7,24a πᾶς οὖν *ὅστις □ **ἀκούει μου** τοὺς **λόγους** τούτους
Lk 6,47a πᾶς □ *ὁ ἐρχόμενος πρός με καὶ **ἀκούων μου** τῶν **λόγων** □

The presentation of the text in *Q-Synopsis* has obvious advantages and can be recommended for a future revision of *Q Parallels*. The printing in sense-lines is most desirable in a synopsis of the Q parallels. In Kloppenborg's original version, the text was written continuously in columns of 2 inches (40 characters). The printed edition, with columns of 3 inches and some 55 characters, does not have the same constraints and the original lines could be adapted to this new possibility. Compare, for instance, the separations at Lk 3,16-17: καὶ | πυρί· ... συν- | αγαγεῖν ... ἀποθήκην | αὐτοῦ, ... πυρὶ | ἀσβέστῳ. (in the earlier version) and καὶ πυρί· | ... συναγαγεῖν | ... ἀποθήκην αὐτοῦ, | ... πυρὶ ἀσβέστῳ. (in the printed edition). Curiously enough, this has not been done throughout the synopsis and a considerable number of the original line-endings are now followed by an open space. See, e.g., Lk 4,9-10 τοῦ | ἱεροῦ, ἀγγέλοις | αὐτοῦ, διαφυλάξαι | σε (S6); Lk 11,18 ἡ | βασιλεία (diff. Mt); 11,19.20 τὰ | δαιμόνια, 23 καὶ | ὁ ... (par. Mt); Mt 9,33 ὁ | κωφός; Mk 3,27 τοῦ | ἰσχυροῦ (S29); Mt 10,29 τὴν | γῆν, 30 ἠριθμημέναι | εἰσίν (S36); Mt 6,19 καὶ | ὅπου (S42); Mt 5,25 ἕως | ὅτου (S48); and many more separations only explainable as remainders of the original presentation. Some new separations are scarcely improvements: Mt 12,23 μήτι οὗτός | ἐστιν; 12,25 καθ' | ἑαυτῆς (S29); Mt 24,39 ἦρεν | ἅπαντας, ctr. Lk (S66). The separation | καὶ ὁ πονηρὸς ... in Mt 12,35 is an improvement (ctr. καὶ ὁ | πονηρὸς ...) but the same context (S13) has τὸ | στόμα, ἀγαθοῦ | θησαυροῦ, σταφυλὰς ἢ | ἀπὸ ... in Mt 7,16 (ctr. Lk) and then ἀκανθῶν | σταφυλὰς ἢ ... (contrast οὐδὲ | ἐκ in Lk).

The Contents of Q

The text of Q in *Q Parallels* is divided into 68 Sections (S1, etc.). The generally accepted extent of Q is printed as unbracketed text: (*S3*) 3,7-9; (*4*) 3,16b-17; (*6*) 4,1-13; (*8*) 6,20b-23; (*9*) 6,27-33.35c; (*10*) 6,36-37b.38c; (*11*) 6,39b-40; (*12*) 6,41-42; (*13*) 6,43-45; (*14*) 6,46-49; (*15*) 7,1b-2.6-10; (*16*) 7,18-19.22-23; (*17*) 7,24-28; (*18*) 16,16!; (*20*) 7,31-35; (*21*) 9,57-60; (*22*) 10,2-12; (*23*) 10,13-15; (*24*) 10,16; (*25*) 10,21-22; (*26*) 10,23b-24; (*27*) 11,2-4; (*28*) 11,9-13; (*29*) 11,14-18a.19-20.23; (*30*) 11,24.26; (*32*) 11,16!.29-32; (*33*) 11,33-35: (*34*) 11,39b-44.46-52; (*35*) 12,2-3; (*36*) 12,4-7; (*37*) 12,8-9; (*38*) 12,10; (*39*) 12,11-12; (*41*) 12,22-31; (*42*) 12,33-34; (*44*) 12,39-40; (*45*) 12,42b-46; (*46*) 12,51-53; (*47*) 12,54-56; (*48*) 12,57-59; (*49*) 13,18-21; (*50*) 13,24.26-27; (*51*) 13,28-30; (*52*) 13,34-35; (*54*) 14,11/18,14b; (*55*) 14,16-24; (*56*) 14,26-27; 17,33!; (*57*) 14,34-35; (*58*) 15,4-7; (*60*) 16,13; (*61*) 16,16-18; (*62*) 17,1b-2; (*63*) 17,3b-4; (*64*) 17,6b; (*66*) 17,23-24.26-27.30.34-35.37b; (*67*) 19,12-13.15b-26; (*68*) 22,28-30.

The sections are not numbered in *Q-Synopsis*; some of the sections are grouped under larger titles: Lk 3,7-9.16b-17 (S3-4); 6,37-42 (S10-12; note the separation at 6,36/37 instead of 6,35/36); 10,21-24 (S25-26); 12,2-12 (S35-

39)[8]; 12,39-46 (S44-45); 13,23-30 (S50-51); or subdivided into smaller units: 11,33.34-35 (S33); 16,16.17.18 (S61). The distinction between unbracketed text (= Q) and bracketed text (parentheses, angle brackets, square brackets) in *Q Parallels* corresponds to the distinction between normal size and small size print in *Q-Synopsis*. The following verses of unbracketed Q text in *Q Parallels* are in small print or omitted (*) in *Q-Synopsis*: (*3*) 3,7a / Mt 3,7a; (*10*) 6,37b; (*11*) Mt 10,24b.25b; (*15*) 7,10 / Mt 8,13; (*21*) 9,60c; (*22*) 10,2a / Mt 9,37a; (*25*) 10,21a / Mt 11,25a; (*27*) 11,2a; (*29*) Mt 9,32a; (*32*) 11,16.29a / Mt 12,38-39a; (*34*) 11,46a; (*41*) 12,22a*; (*45*) Mt 24,51c; (*47*) 12,54a / Mt 16,2a; (*48*) 12,57; (*49*) 13,18a.20a / Mt 13,31a.33a; (*55*) 14,16a / Mt 22,1a*; (*57*) 14,35c*; (*62*) 17,2 / Mt 18,6*; (*66*) 17,33 / Mt 10,39; (*67*) 19,12a*. "Small print is used for uncertain Q texts, narrative introductions and other material that is peculiar to one Gospel" (p. 4). The list also includes two sayings, one omitted: Lk 17,2 / Mt 18,6 (cf. Mk 9,42), and the other in small print: Lk 17,33 / Mt 10,39 (cf. Mk 8,35)[9]. There are only a few differences that go in the other direction[10]: (*13*) Mt 7,16a.17; 12,33ab; (*50*) 13,25 / Mt 25,10-12; (*53*) 14,5 / Mt 12,11; (*67*) 19,15a (the motif of the return: cf. Mt 25,19a).

Other pericopae and portions of pericopae (mostly Sondergut texts) for which an origin in Q seems probable to the editor of *Q Parallels* are printed in parentheses[11]: (*8*) 6,24-26; (*9*) 6,34-35b; Mt 5,41; (*10*) 6,37c-38b; Mt 7,2a; (*15*) 7,3-5[12]; (*16*) 7,20; (*21*) 9,61-62; (*23*) Mt 11,23b-24*; (*29*) 11,21-22 / Mt 12,29; (*31*) 11,27-28*; (*33*) 11,36*; (*40*) 12,13-14.16-21*; (*46*) 12,49; (*50*) 13,25; (*59*) 15,8-10*; (*66*) 17,28-29. The vocabulary of all these verses appears in the Concordance[13]. Completely rewritten phrases in Matthew and Luke are enclosed in angle brackets: (*1*) Incipit*; (*7*) 6,20a; (*15*) 7,1a. Texts for which an origin in Q seems unlikely appear in square brackets: (*2*) 3,2-4*; (*3*) 3,10-14*; (*5*) 3,21-22*; (*19*) 7,29-30*; (*22*) Mt 10,5-6*[14]; (*24*) 10,18-20*; (*28*) 11,5-8*; (*35*) 12,1*; (*39*) Mt 10,23*; (*43*) 12,35-38*; (*53*) 14,5; (*65*) 17,20b-21*.

Some contextual materials and introductions in Matthew and Luke are printed in *Q Parallels* and also enclosed in square brackets: (*4*) Lk 3,15-16a*; (*8*) Mt 5,5.7-10; (*9*) Mt 5,38-39a*.43*; (*11*) Lk 6,39a; Mt 15,13*; 10,25b; (*13*) Mt 7,15*.16a.17.19.20; 12,33a.34a*; (*15*) Mt 7,29*; (*16*) Lk 7,21; (*18*) Mt 11,14-

---

8. Lk 12,2-12, topical grouping of sections "on fearless preaching" in *The Formation of Q* (p. 92; cf. Polag), is now replaced by the larger group 12,2-34 "on anxiety" (p. xxxii; cf. Schenk).

9. *Study of Q* (cf. n. 1), pp. 48-51 (Lk 17,33) and 52 (Lk 17,2).

10. Cf. *infra*, "The Alignment of Parallels". For the debate about Lk 14,5, see *Q Parallels*, p. 160.

11. Texts marked with an asterisk in the following lists do not appear in *Q-Synopsis*. Bracketed texts which appear in *Q-Synopsis* are normally in small print.

12. Lk 7,(3-5) is (correctly?) referred to in "Contents" (p. xxxi) and on p. 50, but no parentheses appear in the text (p. 48). Compare *Q-Synopsis*: 7,3-5 and also v. 6 ὁ δὲ Ἰησοῦς ... φίλους in small print.

13. Cf. "Contents of the Q Source", in the order of Luke (pp. xxxi-xxxiii) and "Matthean Q Texts in the Concordance", listed in the order of Matthew (p. 211).

14. Mt 10,5b-6 is not mentioned in "Contents" (p. xxxi), but see the Introduction: "This synopsis includes ... Matt 10:5-6,23" (p. xxiv). A printing mistake in "Contents"? See also S34: delete Mt 13,34-35; S44: Lk 12,39I = 39; S54: Lk 14,7-12 = 11. Mt 9,32-34 is mentioned in S29 but printed with the "Parallels" on p. 91 (contrast S32: Mt 16,1-2a.4 not mentioned).

15*; (21) Mt 8,18*; (22) Lk 10,1*; Mt 9,36*; 10,1*.16b; (23) Mt 11,20*; (26) Lk 10,23a; (27) Lk 11,1*; Mt 6,7-8*; (29) Lk 11,18b; (30) Mt 12,45b; (33) Mt 5,14*.16*; (34) Lk 11,37-39a*.45.53-54*; Mt 23,1-3*.5*.8-11*.15-22*.24a*.33*; (38) Mt 12,31*; (39) Mt 10,17-18*.20; (40) Lk 12,15*; (41) Lk 12,32*; Mt 6,34*; (44) Mt 24,42*; (45) Lk 12,41-42a.47-48*; (46) Lk 12,50; (50) Lk 13,22*.23; (52) Lk 13,31-33*; (53) Lk 14,1-4*.6*; (54) Lk 14,7-10*; Mt 23,6-11*; (55) Lk 14,15*; (56) Lk 14,25*; (58) Lk 15,1-3*; Mt 18,10*.14; (62) Lk 17,1a*; (63) Lk 17,3a*; Mt 18,16-17*.21a*; (64) Lk 17,5-6a*; Mt 17,19-20a*; (66) Lk 17,22*.25*.31-32*.37a; Mt 24,23-25*.42*; (67) Lk 19,11*.14-15a.24a.27; Mt 25,30; (68) Lk 22,24-27*; Mt 19,27-28a*.29*. It may be misleading that no brackets are used in the text of S2 [3,2-4]* = Lk 3,1-4; Mt 3,1-6; S5 [3,21-22]* = Mt 3,13-17; S7 <6,20a> = Lk 6,12*.17*.20a; Mt 5,1-2; S65 [17,20b-21]* = Lk 17,20-21.

The Alignment of the Parallels

"The decisions regarding the alignment of parallels are not always easy" (cf. pp. xxv-xxvii). Kloppenborg agrees with Schenk's definition of the primary parallels in S13 (Lk 6,43-45)[15] but proposes a more neutral arrangement by repeating Lk 6,44b / Mt 7,16b and by retaining Lk 6,45c / Mt 12,34b in their respective location:

	Schenk			Q Parallels	
Mt	7,16b	Lk 6,44b	Mt	7,16b	Lk 6,44b
	7,18	43		7,18	43
	12,33c	44a		12,33c	44a
	12,35	45ab		7,16b (!)	44b (!)
	12,34b	45c		12,34b	—
				12,35	45ab
				—	45c

Compare the arrangement in the order of Luke (Q-Synopsis)[16]:

Lk 6,43	Mt 7,18	7,17	12,33ab
44	7,16		12,33c
45ab			12,35
45c			12,34b

Varying alignments also appear in S22 regarding Lk 10,5a and 8a (in Q-Synopsis: 5a εἰς ἣν δ' ἂν 8a □ εἰσέλθητε and 8 καὶ εἰς ἣν ἂν πόλιν εἰσέρχησθε):

---

15. Synopse, p. 32.
16. The alignment of Mt 7,16a with Lk 6,44a (Mt 12,33c) is less uncommon in the Synopses than Kloppenborg seems to suggest (p. xxv). Cf. Aland, § 82 (cf. § 118: Mt 7,20; see also Boismard-Lamouille, §§ 81, 123); Huck-Greeven, §§ 53, 90. Of course, Mt 7,16a is an editorial adaptation but the parallel sequence in Mt 7,16a.b and Lk 6,44a.b is noteworthy. Mt 7,16a.17.20; 12,33ab are all excluded from Kloppenborg's Concordance. But can we neglect the confirmation of the Q vocabulary (καλός – σαπρός) in Mt 12,33ab?

Aland (§ 177)		Q Parallels		Q-Synopsis[17]	
Mt	Lk	Mt	Lk	Mt	Lk
10,11	—	10,11	→ 10,8	10,11	10,5a
10,12	10,5	10,12	10,5	10,12	10,5bc
—	10,8	10,11 (!)	10,8	—	10,8

Kloppenborg rightly notes the doublet Mt 9,32-34 in S29. Its placement on p. 91 together with "other parallels" is less satisfactory. Moreover, the transitional phrase in 9,32a αὐτῶν δὲ ἐξερχομένων should be bracketed (cf. Q-Synopsis, p. 32: in small print). I have more reservations regarding the doublet in S32. Kloppenborg correctly notes the Markan location of Mt 16,1-2a.4. Matthew has assimilated the wording of the saying to that of Q and for that reason Mt 16,4 should be treated as an (editorial) secondary parallel. Mt 16,2a is part of Mt 16,2-3 / Lk 12,54-56 (S47) and the agreement between Mt 16,1 and Lk 11,16 (πειράζοντες) may be due to common dependence upon Mk 8,11.

In Q Parallels, the text of Lk 13,25 (S50) is enclosed in parentheses and Mt 25,10-12 is printed as a secondary parallel (ctr. Q-Synopsis: in the text). In the printed edition of the synopsis Mt 25,10-12 is now mentioned in the column of Matthew (p. 152) and the vocabular agreements are signaled in the Concordance: e.g., ἀνοίγω "Luke 13:25 (S; cf. Matt 25:11)". In the same S50 the text of Lk 13,23 is bracketed in Q Parallels. Q-Synopsis has the verse in small print but the word ὀλίγοι is bolded (cf. Mt 7,14c). Here too there is an addition in the printed edition of the Concordance: ὀλίγος "Matt 7:14 (cf. Luke 13:23)".

The Parallels in Mark

"In those cases of possible overlap between Mark and Q, the agreements between Matthew//Luke and Mark are indicated by bolding and underscoring" (Q Parallels, p. xxx). The parallels to the unbracketed Q text include Mk 1,2.7-8.12-13; 3,22-26.27.28-29; 4,21.22.24.25.30-32; 6,7-13; 8,11-12.34.35.38; 9,37.42.50; 10,11-12.31; 11,22-23; 12,38-39; 13,11.21. A few corrections can be noted[18], in the order of the synopsis: (S6) Mk 1,12 πνεῦμα cancel bolding; (S17) Mk 1,2 ἰδού... underscored and bolded; (S22) Mk 6,11 τόν[1] underscored and bolded; (S24) Mk 9,37 ἐμέ[1] underscored; καί, ἐμέ[2], τὸν ἀποστείλαντά με underscored and bolded; (S29) Mk 3,27 τήν underscored; καί, αὐτοῦ underscored and bolded; (S32) Mk 8,11 τοῦ cancel underscoring and bolding; (S35) Mk 4,22 ἐστιν κρυπτόν underscored and bolded; (S51) Mk 10,31 ἔσονται... underscored and bolded; (S56) Mk 8,34 καί[3] underscored and bolded, μοι underscored; (S64) Mk 11,23 καί[1] cancel underscoring and bolding; Lk 17,6: καί[2] underscored and bolded (instead of καί[1]); (S66) Mk 13,21 ὑμῖν, μή underscored and bolded. Mt 24,26 is correctly aligned with Lk 17,23 (cf. p. xxvi: Mt 24,23 is a Matthean rewriting of Mk 13,21) but Mk 13,21 should be

17. For the parallel Mt 10,11 / Lk 10,5a, see also Huck-Lietzmann (§ 139), Huck-Greeven (§ 122), Boismard-Lamouille (§ 195); Schenk, p. 52.
18. The placement of the parallels is sometimes confusing. In S10 = Lk 6,36-38, e.g., Mk 4,24 (with v. 25 added and without a precise reference to Lk 6,38b) is found between 1 Clem 13,1-2 and Polycarp, Phil 2,3, parallel to Lk 6,37-38 (p. 33).

noted as Mk/Q parallel. Kloppenborg also includes Mk 9,42, par. Lk 17,2 (S62); only Lk 17,1b / Mt 18,7 is accepted as Q text in *Q-Synopsis*.

Underscoring and bolding is also used for parallels in Mark (and in the other canonical gospels) in cases where, in Kloppenborg's opinion, Q origin is unlikely (Mk 1,2-6; 1,9-11: triple tradition) or the Q text is unrecoverable (Mk 3,7.13)[19]. No underscoring or bolding is used in the quotation of Old Testament parallels (not even in S2)[20].

Concordance

Kloppenborg proposes the following statistics of the Q vocabulary:

	Matthew	Luke
Total words	4464	4652
Total vocabulary	812	857
Agreements	2414	2400
(including cognate verbs)	2430	2416

These vocabulary statistics are based on his decisions regarding the extent of Q (cf. *supra*) and on his definition of agreement (p. 208: not necessarily implying agreement in inflection or in word order). The difference between the figures of Matthew and Luke (14) is due to the instances of double-agreement: Mt 9,32-34/12,22-24; 12,38-39/16,1-2a.4; 25,27 (καί, ἐγώ), adding 32 agreements; Lk 7,19/20; 10,9/11; 11,29a/12,54a; 14,11/18,14; 19,23 (κἀγώ), adding 18 agreements.

The agreements in cognate verbs are signaled in the Concordance. The case of ἀποκλείω in Lk 13,25 is not counted: "(S; cf. Matt 25:10 [κλείω])" (p. 215). The total 16 (p. 208) apparently includes two instances of double-agreement. The Concordance has the entry δίδωμι Mt 25,15*, Lk 19,13* and also the entry παραδίδωμι (→ δίδωμι) Mt 25,14 (δ). The parallel of both is the same ἔδωκεν in Lk 19,13 (cf. *Q-Synopsis*: Mt 25,14 *παρέδωκεν, 15 **ἔδωκεν**). In *Q Parallels* underscoring should be added in the synopsis (p. 196: παρέδωκεν, and bolding of αὐτοῖς) and the Concordance should read: παραδίδωμι → δίδωμι Mt 25,14 (*) (p. 227). The second instance is ἐπιζητέω in Mt 12,39; 16,4 and ζητέω in Lk 11,29. The corrected total of cognate verbs: 16 in Matthew and 14 in Luke. But double agreements are in fact the editorial repetition of a single Matthew/Luke agreement. It is therefore preferable to adjust the total of agreements in Matthew and in Luke: 2382 (cognate verbs included: 2396)[21].

19. See also Mk 13,34 (no comment). For other quotations from Mark, without direct relevance for the study of Q, see the Index (pp. 247-248; insert Mk 1,5 in S3, added in the printed edition). A few examples: Mk 1,21-22, par. Mt 7,28b-29 (S15); Mk 4,35, par. Mt 8,18 (S21); Mk 6,34, par. Mt 9,36 (S22). Such parallels are found in a synopsis of the synoptic gospels and can be omitted in a synopsis of Q. In S31 = Lk 11,27-28 the text of Mark 3,31-35 and Mt 12,46-50 is quoted in full but not the parallel in Lk 8,19-21 (compare 11,28 with 8,21).

20. All quotations are from the LXX, with addition of MT in S17 (Ex 23,20: Mal 3,1) and of Theod in S49 (Dan 4,21). — In S20 (Lk 7,35) Sir 4,11 is quoted (cf. *The Formation of Q*, p. 112, n. 44) but not Wis 7,27. See, however, *The Formation of Q*, p. 111: "As Suggs has argued, this phrase should be seen against the background of Wis 7:27 which represents prophets and 'friends of God' as created by Sophia".

21. Kloppenborg's counting of the additional words in Matthew (32) and Luke (18) raises some problems (p. 209). The article τῷ in Mt 12,24 meets the requirements of an

The Concordance itself is well conceived, and the entries are elaborated with exceptional care. I cite here two examples:

ἀπελπίζω
  Luke [0/1] 6:35 (S)
ἀπέρχομαι → ἐξέρχομαι (→ πορεύομαι)
  Matt [2/5] 8:19* 8:21* 22:5 25:18
  Luke [2(3)/5] 7:24(π) 9:57* 9:59* 9:60 17:23(*).

Personally I would prefer to make a more frequent use of brackets in the synopsis (or at least parentheses, for S = Sondergut) and, for instance, not to cite without qualification Lk 9,60 in the entry ἀπέρχομαι or Mt 9,32 in the entry ἐξέρχομαι. The totals now include a lot of editorial words.

The Concordance is really supplementary to the synopsis of *Q Parallels* by noting synonyms and substitutes. Thus, in the case of ἀπέρχομαι: Lk 7,24, par. Mt 11,7 πορεύομαι. The comparison with the asterisked words in *Q-Synopsis* only shows some minor differences[22]:

γάρ: Mt 7,2 (S); Lk 6,38 (καί); καί: Mt 7,2 (γάρ)
  Q-Synopsis: γάρ Mt 7,2 / Lk 6,38.
γάρ: Lk 6,44 (μήτι)
  But see μήτι: Mt 7,16 (οὐ); οὐ: Lk 6,44 (μήτι).
δέ: Mt 23,4 (ὅτι). But ὅτι: Lk 11,46 (no par.)
  See δέ: Mt 23,6 (no par.)
  Cf. Lk 11,43.46: οὐαί ... ὅτι.
δέ: Lk 7,6 (καί); 7,6. Cf. καί: Mt 8,7 (δέ); 8,8
  But Lk 7,6b δέ / Mt 8,8a καί (*Q-Synopsis*; add asterisk Lk 7,6a δέ / Mt 8,7 καί).
δέ: Lk 12,8. But see οὖν: Mt 10,32 (δέ).
εἰμί: Lk 6,33 (π). Cf. ποιέω: Mt 5,47 (εἰμί)
  Add εἰμί (→ ποιέω); π = πο.
εἰς: Mt 10,27; 12,29 (π)
  Mt 10,27 (πρός); 12,29: delete π.
ἐκβάλλω (→ θεραπεύω): Mt 9,33*; Lk 11,14* (add: θ)
  Cf. θεραπεύω: Mt 12,22 (ἐκβάλλω).
  Lk 11,14b ἐξελθόντος (cf. 14a ἦν ἐκβάλλων); Mt 9,33 ἐκβληθέντος; 12,22 ἐθεράπευσεν.
καί: Mt 10,14 (δέ); δέ: Lk 10,10 (καί)
  The parallel μὴ δέξηται/ωνται ὑμᾶς can be extended to καί: Mt 10,14*; Lk 10,10*.
  See also ὅς: Mt 10,14*; Lk 10,10*. But the function of ὅς (Mt) is different from that of ἥν (Lk): not bolded in *Q-Synopsis*. Cf. ἥν in Mt 10,11 / Lk 10,5 (Kl.: 10,8).

agreement, and underscoring and bolding should be added (total 16 instead of 15). The particle δέ in Mt 12,39a; 16,2a and Lk 11,29a; 12,54a can be taken as two single agreements. The agreement τῶν/τοῦ (cf. p. 208) in Lk 10,9.11 should be added (total: 5 instead of 4). For the word κἀγώ, compare the treatment of κἀκεῖνος. In the Concordance κἀγώ (Lk 19,23); καί and ἐγώ (Mt 25,27) are all asterisked: add parentheses κἀγώ (→ ἐγώ, καί); καί (→ κἀγώ) and 25,27* (κ); ἐγώ (→ κἀγώ).

22. Other corrections: ἀμφιάζω, N[26] -έζω; δαιμόνιον: add (→ δαιμονίζομαι); οἰκτρίμων: οἰκτίρμων; πλανάω: add (→ ἀπόλλυμι) and (α),(α); πορεύομαι: (α); ποσάκις: (ε); τάφος: (μ),(μ); φῆμι: φημί; αὐτῇ Lk 10,21: add (ε). Printing mistakes are rare in the Greek text of the Synopsis: λαλήσατε for -ητε (p. 126), κατασκήσωσεν for κατεσκήνωσεν (p. 148). I noted a few corrigenda in the Bibliography: Laufen ... Doppelüberlieferung (for -lieferungen); Zeller ... weckselner; Zmijewski ... Eine ... Untersuchungen (all three also in *The Formation of Q*, pp. 357 and 364).

καί: Mt 10,28; δέ: Lk 12,4
   καί Mt 10,28 (δέ); δέ Lk 12,4 (καί).
καί: Lk 10,9 (δέ); 10,9
   Lk 10,9; 10,9 (δέ).
καί: Lk 11,11; μή: Mt 7,10
   καί Lk 11,11 (μή); μή: Mt 7,10 (καί).
αὐτοῦ: add: Mt 3,7*; Lk 3,7: add: *.

As indicated above, *Q Parallels* is much more than a synopsis (and concordance) of the Matthew-Luke parallels. It contains an extensive collection of extracanonical parallels. The Gospel of Thomas, which is printed in the appendix of Aland's Synopsis and in the footnotes of Huck-Greeven (in Greek translation), is here reproduced in front of the Q text in Coptic and in an English translation (provided by M.W. Meyer). The textual apparatus is restricted to a selection of variant readings, with reference to N[26], N[25], and HG. A first set of Critical Notes provides a list of authors who regard the pericope as deriving from Q and those who do not: In Q, Not in Q, Undecided. This can take a minimal form: "*In Q*: Most authors" (e.g., Lk 7,24-28.31-35; 10,21-22; 12,4-7.8-9.39-40) but in most cases it brings a succinct but excellent exposition of the critical opinion. For all gospel students, *Q Parallels* is an indispensable handbook to Q.

ADDITIONAL NOTE

Caetano MINETTE DE TILLESSE published an adaptation and translation of *Q-Synopsis* in *Revista Bíblica Brasileira* 7 (1990) 157-194: "Q A Fonte de Lógia".

Another modern translation of *Q-Synopsis* appeared in the new edition of Angelico POPPI, *Sinossi dei quattro Vangeli (Duplice e Triplice Tradizione in evidenza). Volume I: Testo*, Padova, Edizioni Messaggero, 1990: The words of the double tradition that are printed in bold in *Q-Synopsis* are marked by underlining. See now also his biblingual edition: *Sinossi dei quattro Vangeli greco-italiano. Testo greco dal Codice Vaticano (B, 03). Volume I: Testo*, Padova, 1992.

Cf. A. LINDEMANN, in *Theologische Rundschau* 59 (1994), pp. 85-86: "Ein ausgezeichnetes Hilfmittel ... Neirynck's handliches Bändchen (ist) sowohl für eigene Arbeit wie für den akademischen Unterricht hervorragend geeignet".

ETL 69 (1993) 221-225

THE INTERNATIONAL Q PROJECT

"At its meeting on 11 October the Research Council of the Institute formally approved a new project on *Q: A Lost Collection of Jesus' Sayings*. ... The objective of the project is to reconstruct this lost text, to make it widely available to scholars and laypeople, and to write a commentary on it. ... The new project will be coordinated with the annual national programs of the Society of Biblical Literature in the coming years". – This formal announcement of the Q project appeared in the Bulletin of the Institute for Antiquity and Christianity (Claremont, CA), December 1983[1], and the first sessions of the "Study of Q Consultation" were held at the SBL meeting in Dallas on 21-22 December, with the project-director James M. Robinson presiding. He began the work with great enthusiasm: "I hope by the end of a decade to be able to have in hand a reconstruction, translation and commentary on Q that will result from such a team effort"[2].

Over the past ten years the Claremont Project has concentrated on establishing a critical text of Q, in conjunction with the "Task Force on the Reconstruction of Q" of the Q Seminar at the annual SBL meeting[3]. From 1989 on, the work session of the International Q Project is now scheduled as a pre-program meeting presided by J.M. Robinson and John S. Kloppenborg. Each specific text is discussed on the basis of a database prepared by one participant (survey of scholarly opinion and evaluation), a response by another, and a second response by a third member of the group[4]. Each year's results are

1. *New Project Launched*, in *Bulletin of the Institute for Antiquity and Christianity* 10/4 (1983), p. 6.
2. J.M. ROBINSON, *The Sayings of Jesus: Q*, in *The Drew Gateway* 54/1 (1983) 26-38, p. 37. See also p. 26, on his return to the topic of his "ΛΟΓΟΙ ΣΟΦΩΝ. *Zur Gattung der Spruchquelle Q*" (1964), and on the commentary on Q he was planning for the *Hermeneia* series.
3. One of the two sessions of the Seminar was more topic-oriented, at the Study of Q Consultation, 1983: New Approaches to Q (M.E. Boring, W.H. Kelber, J.D. Crossan); 1984: Q and Wisdom Traditions; at the Q Seminar, 1985: Mark and Q (D. Lührmann); 1986: Apocalypticism and the Son of Man; 1987: Two Editions of Q (J.S. Kloppenborg); 1988: Social Settings in the Trajectory of Q; 1989: two sessions, with recapitulation of several themes described by Kloppenborg as "early pre-Q collections and their settings", in J.S. KLOPPENBORG – L.E. VAAGE (eds.), *Early Christianity, Q and Jesus* (Semeia, 55), Atlanta, GA, 1992, p. vii-viii (Preface). This portion of the work of the Q Seminar is now continued in the "Q Section" (two sessions) presided by J.S. Kloppenborg, 1990: Rhetorical Construction in Q's Inaugural Sermon; Sociology and the Jesus Movement (R.A. Horsley); 1991: Ancient Christian Gospels (H. Koester); John the Baptist, His Followers and the Q People; 1992: Date and Setting of Q; Violence, Persecution and Conflicts in Q.
4. For a more detailed description, cf. J.M. ROBINSON, *A Critical Text of the Sayings Gospel Q*, in *RHPR* 72 (1992) 15-22 (paper presented at the SNTS meeting in Bethel, 1991). Note the personal part taken by Robinson in this collaborative reconstruction of Q: out of the 31 units agreed upon in 1989-1991, 21 were discussed by Robinson as first

published the next year in the October issue of *JBL*[5]. The critical text published thus far includes about half of Q: 3,2-3; 4,16; 6,20-21.39-49; 7,23.26; 10,2-4.21-24; 11,2-4.9-13.14.16.23.29-32.33.34-36.39-44.46-48.52; 12,2-7.10.42-46; 13,18-21.28-29; 14,5.16-21.22.23.26-27.34-35; 16,13.17-18; 17,1-2.3-4.6.24.37.26-27.30.34-35 (excluded from Q: 3,1.4; 14,15.22.24; 17,28-29)[6]. The resultant text is printed in *JBL* in a simplified format. Three *sigla* are used in the Greek text: [ ] for readings graded C (considerable degree of doubt); < > for conjectural emendation; ... (or ..) for text in Q not reconstructed with sufficient probability to be included[7].

The list includes Q 17,2 unbracketed. This verse is omitted in my *Q-Synopsis* because Mt 18,6 and Lk 17,2 can be explained as (independent) redaction of Mk 9,42 in combination with Q 17,1 / Mt 18,7[8]. A number of narrative elements are accepted in the reconstructed Q text with varying degrees of probability: 3,2 ... Ἰωάννῃ ... 3,3 ... πᾶσα .. η .. περίχωρο ... τοῦ Ἰορδάνου ... 4,16 ... [Ναζαρά] ... 6,20 καὶ ἐ[πάρ]ας το[ὺς ὀφθαλμοὺς] αὐτοῦ [εἰς τοὺς] μαθητὰ[ς] αὐτοῦ [<εἶπεν>] 10,2 < .. [εἶπεν>] .. · 10,21 ἐν <...> εἶπεν· 11,14 καὶ ἐ[<ξέ>]βαλ[<ε>]ν δαιμόνι[ον] κωφόν. καὶ ἐκβληθέντος τοῦ δαιμονίου ἐλάλησεν ὁ κωφὸς καὶ ἐθαύμασαν οἱ ὄχλοι. 11,16 [ἕτεροι δὲ [ ] σημεῖον ἐξ οὐρανοῦ ἐζήτουν [ ].] 11,29 [ὁ] δὲ [εἶπεν]· 11,39 ὁ δὲ ε[ἶπ]εν [ ]· 13,20 καὶ πάλιν εἶπεν· [14,5] [καὶ εἶπεν αὐτοῖς· ...] [14,16] [καὶ] ὁ 13,20 καὶ πάλιν εἶπεν· [14,5] [καὶ εἶπεν αὐτοῖς· ...] [14,16] [καὶ] ὁ [ ] εἶπεν [αὐτοῖς· ...]. All other reconstructed texts are sayings material and all are cited in my list of double-tradition passages (*Q-Synopsis*).

Narrative Elements in Q

Q 11,14: There is no dispute on the ascription to Q of Lk 11,14, par. Mt 12,22-23; 9,32-33, and I can agree with the reconstructed text. It can be asked, however, whether a combination of [ ] and < > is needed in this 'simplified' format. The use of both sigla is even more complex in Q 10,2: < .. [εἶπεν>]. Since it is hardly thinkable that a conjectural emendation would receive a degree of certainty higher than C, one could consider the siglum [ ] implied in the use of < >. In the case of ἐ[<ξέ>]βαλ[<ε>]ν in Q 11,14, the proposal is to read in Q the verb ἐκβάλλω (with certainty, A or B), probably in the aorist ἐξέβαλεν (but with some doubt: C). This seems to mean that the imperfect ἐξέβαλλεν can possibly be the alternative. However, the translation is added: And he < > cast< > out ..., and this suggests the alternative: he <was> cast<ing> out ..., apparently the Lukan reading ἦν ἐκβάλλων. The clear decision is only that some form of the verb ἐκβάλλω is read in Q. It is argued

(3) or second (18) respondent. For one text (Q 4,16) he prepared the database; cf. below, n. 15.

5. J.M. ROBINSON, *The International Q Project: Work Session 17 November 1989*, in *JBL* 109 (1990) 499-501; ID., ... *Work Session 16 November 1990*, in *JBL* 110 (1991) 494-498; ID. – J.M. ASGEIRSSON, ... *Work Sessions 12-14 July, 22 November 1991*, in *JBL* 111 (1992) 500-508. The names of the participants are included.

6. Cumulative list in *JBL* 111 (1992), p. 508. Q 7,23 (from 7,18-23); 7,26 (from 7,24-28) and 11,23 (11,14-23) are included apart from their context in Q because in these verses Matthew and Luke agree completely.

7. It is less clear what is the difference between <..> 11,41 and [ ] 11,36; 14,19.20 (entire verses).

8. See my *The Minor Agreements and Q*, in R.A. PIPER, *Studies on Q* (forthcoming).

that ἐκβάλλω + δαιμόνιον is presupposed by Q 11,15.19.20 (ἐκβάλλω τὰ δαιμόνια)[9]. Would it then not be preferable not to publish the reconstructed text of Q 11,14 apart from its subsequent context?

Q 11,16: "does belong between Q 11:15 and Q 11:17" (*JBL* 111, p. 503). This is a rather strange comment. One would expect here: Q 11,16 does not belong between 11,15 and 17 but is to be found before 11,29[10]. The reconstruction of the text is based on Lk 11,16, minus πειράζοντες and παρ' αὐτοῦ, although the siglum ⟦ ⟧ which is used in the place of both elements can only mean that their inclusion is accepted as a possible alternative. But Luke's dependence on Mk 8,11 (ζητοῦντες παρ' αὐτοῦ σημεῖον ἀπὸ τοῦ οὐρανοῦ, πειράζοντες αὐτόν), the Lukan style (ἕτεροι δὲ ...) and Lukan location of the verse make a reconstruction of Q on the basis of Lk 11,16 extremely doubtful[11].

Q 11,39a; 13,20a; 14,5a; 14,16a: In A. Polag's *Fragmenta Q*, these introductory phrases are relegated in a special Appendix as uncertain[12]. It can be asked whether this treatment is not recommendable for most narrative introductions in Q. Is it not irrelevant speculation to reconstruct the phrase ὁ δὲ ε⟦ἶπ⟧εν on the basis of Lk 11,39 εἶπεν δὲ ὁ κύριος and Mt 23,1 τότε ὁ Ἰησοῦς ἐλάλησεν? In Q 14,16, where Luke has ὁ δὲ εἶπεν, the reconstruction reads ⟦καὶ⟧ ὁ ⟦ ⟧ εἶπεν (cf. Mt 22,1).

Q 6,20a: The reconstruction adopts the text of Lk 6,20a (om. αὐτός), with "his disciples" as the addressees of the Sermon (cf. Mt 5,1) and a conjectured εἶπεν (for ἔλεγεν). References to the crowds and to the mountain are rightly omitted[13]. I am more hesitant regarding the use of Mt 5,2a in the reconstructed text. This quite different phrase, καὶ (ἀνοίξ)ας τὸ (στόμα) αὐτοῦ, can hardly make certain the element καὶ ( )ας το( ) αὐτοῦ in Lk 6,20a: ἐπάρας τοὺς ὀφθαλμοὺς αὐτοῦ εἰς is probably Lukan.

Q 3,2-4: In contrast to some recent essays, the reconstructed text shows much reservation: it contains only two fragments, "John" and "all the region of the Jordan". One could suggest to include this phrase within double brackets and give a chance to the redactional explanation of this Mt/Lk agreement against Mk 1,5[14]. The name of John (cf. Mk 1,4) can be found in a (conjectural) introductory formula at Q 3,7a: "John said".

Q 4,16: Ναζαρά is treated by Robinson as "a neglected fragment of Q". In a recent essay on Q he proposes the original suggestion that Ναζαρά may not

---

9. Cf. J.S. KLOPPENBORG, *Q 11:14-20. Work Sheets for Reconstruction*, in *SBL 1985 Seminar Papers*, 133-151, p. 137.

10. Cf. Mt 12,38. Compare two other instances where the reconstruction of Q adopts the location of the sayings in Matthew: Q 11,42 is to be found between 11,39a and 39b (p. 504; cf. Mt 23,23); Q 17:37 is to be found between 17,24 and 26 (p. 508; cf. Mt 24,28).

11. Cf. *Evangelica II*, p. 489.

12. In Appendix II: "Zugehörigkeit zu Q unsicher" (contrast I. Havener's translation: "possibly pertaining to Q").

13. See my *Matthew 4:23–5:2 and the Matthean Composition of 4,23–11,1*, in D.L. DUNGAN (ed.), *The Interrelations of the Gospels* (BETL, 95), Leuven, 1990, pp. 23-46, esp. 36-38: "The Setting of the Sermon in Q".

14. Cf. *The Minor Agreements and Q* (n. 8 above), in reply to J.S. KLOPPENBORG, *City and Wasteland: Narrative World and the Beginning of the Sayings Gospel (Q)*, in *Semeia* 52 (1991) 145-160. Compare his reconstruction in *Q-Thomas Reader*, Sonoma, CA, 1990, p. 35: <*John* came into *all the region about the Jordan* ... >.

have been part of a narrative but may be a vestige of the identification of the speaker as Ἰησοῦς ἀπὸ Ναζαρά in the original *incipit* of Q when at an earlier stage the Inaugural Sermon was the beginning of Q[15]. Robinson's hypothesis is an improvement of the ascription to Q in the more usual form, Ναζαρά as part of the Nazareth pericope (Schürmann) or as place reference in "a brief notice of change of scene" (Streeter). The basic observation is that "if one ignores non-Q contexts, Ναζαρά occurs at precisely the same position in Matthew and Luke" (373). But Robinson also notes the difference between "leaving Nazara" and "arriving in Nazara" and seems to recognize that the references to Nazareth are found in redactional non-Q contexts, Mt 4,13 (par. Mk 1,14; cf. 1,9; Mt 2,23) and Lk 4,16 (cf. Mk 6,1; Lk 2,51). The evidence for Q then is not the mention of Nazareth but the uncommon spelling of the name (-ά). The same position in the sequence Temptation - Nazara - Inaugural Sermon is no longer a valid argument if, as Robinson also suggests[16], "the sayings of John and the voice from heaven and then the Temptation were interpolated between the *incipit* and the Sermon". Thus one has to speculate that, in the source used by Matthew and Luke, the identification Ἰησοῦς ἀπὸ Ναζαρά had been left at Q 6,20a (although at Q 6,20a "a further identification of Jesus *of Nazareth* is not to be expected, since he is known since Q 3,21-22") and a new *incipit* had been created (preceding the introduction of John associated with the region of the Jordan) "which would have had to refer in some way to Jesus" (388) without retaining the appropriate original identification of Ἰησοῦς ἀπὸ Ναζαρά. The wisdom lies in the conclusion: "Since the actual *incipit* is lost, ... one should not presume to have reconstructed the lost text of the *incipit*" (388).

The Reconstructed Text of the Sayings

As indicated above, the resultant Q text published in *JBL* 1990-1991-1992 is far from complete. A substantial portion of Q 6,20-49 is available (6,39-49) but only 6,20-21 in the first part of the Sermon; nothing more before Q 10,2, and only 10,2-4 of the Mission Speech in Q 10,2-16. A noteworthy contrast can be observed in the textual options concerning Q 6,20-21 and 10,4.

The text of Lk 10,4a reads: μὴ βαστάζετε βαλλάντιον, μὴ πήραν, μὴ ὑποδήματα. I am personally inclined to consider this Lukan version a faithful rendering of the Q text (Polag 1979, Laufen 1980, Jacobson 1992). The newly reconstructed text retains only the "sandals" as certain: μὴ [βαστάζετ]ε [ἀργύρ..ον, μὴ πήραν], μὴ .. ὑποδήματα, [μηδὲ ῥάβδον,]. Since the alternative for βαλλάντιον is suggested on the basis of Mt 10,9 ἄργυρον and Lk 9,3 ἀργύριον (diff. Mk 6,8 χαλκόν), and the addition of μηδὲ ῥάβδον is based on Mt 10,10 and Lk 9,3 (diff. Mk 6,8), it is less understandable why μὴ πήραν should be bracketed as uncertain: Lk 10,4 = Mt 10,10, cf. Lk 9,3 (= Mk 6,8). The printing of the verb [βαστάζετ]ε and its translation [carry] refer to the

---

15. *The Sayings Gospel Q*, in *The Four Gospels 1992. FS F. Neirynck* (BETL, 100), Leuven, 1992, pp. 361-388, esp. 373-382.

16. *Ibid.*, p. 378. In his essay (pp. 382-385) Robinson anticipates the decision concerning the inclusion of the Baptism of Jesus in Q. Ctr. KLOPPENBORG, *The Formation of Q*, Philadelphia, 1987, pp. 84-85. Compare also A.D. JACOBSON, *The First Gospel. An Introduction to Q*, Sonoma, CA, 1992, pp. 85-86: "the evidence for Q in 3:21-22 is too uncertain to permit its use as evidence for the theological character of Q".

alternative ⟦κτήσησθ⟧ε in Mt 10,9, and not to the more acceptable (though not convincing) ⟦αἴρ⟧ετε in Lk 9,3 (22,36), cf. Mk 6,8.

The reconstructed text of Q 6,20b-21, on the contrary, is almost strictly Lukan (om. νῦν bis). The three beatitudes are given in the Lukan order and formulated in the second person. The possible alternative for ⟦ὑμέτερα⟧ in 6,20 is probably not meant to be αὐτῶν (Mt 5,3) but the second person <ὑμῶν> (Schürmann, Sato). The verb ⟦κλαί⟧οντες is bracketed but not γελάσετε (6,21). If Lk 6,24-26 is supposed to be part of Q, it is a normal conclusion that πενθοῦντες (cf. Lk 6,25 πενθήσετε καὶ κλαύσετε) and παρακληθήσονται (cf. Lk 6,24 τὴν παράκλησιν ὑμῶν) in Mt 5,4 are secondary (Schürmann). But I see no indication that such a decision regarding Lk 6,24-26 can be expected[17].

It can be foreseen that the publication of the critical text of Q will give rise to an intense scholarly discussion once the collected database (with evaluations) for each passage is made available[18]. I quote the words of B.L. Mack, professor of New Testament at the School of Theology at Claremont: "When this critical text [of the Q Project] appears, the story of Q's retrieval from the layers of textual history that effectively buried it for so long a time will finally come to a close"[19]. However, Mack's own reconstruction in English translation (1993)[20], when compared with the text of the Q Project published thus far, already shows a number of differences: 4,16 Nazara, not included; 6,20a Seeing the crowds (= Mt); 6,20b-21: they ... they ... they ... (third person = Mt); 6,44: v. 44b before 44a; 11,29a Teacher, we wish to see a sign from you (= Mt); 11,29b: He answered them, A wicked generation (= Mt, om. This generation is ...); 13,28-29 in the order 29.28a.28b (Q Project: 29.28b.28a There ...: at the end, cf. Mt); 13,28b: + all the prophets (= Lk); 14,5 not included; 17,28-29 not excluded; 17,37b not between 17,24 and 26. More departures from the Q Project text may appear in a reconstruction of the Greek text[21].

17. Cf. Kloppenborg, *The Formation*, p. 172, n. 4; Jacobson, *The First Gospel*, p. 102.

18. At the meeting of November 20, 1992, the texts for the following passages were to be submitted for approval: Q 3,7-9.16-17; 3,21-22(!); 9,57-62(!); 11,15.17-26; 11,27-28(!); 12,22-31; 12,39-40; 14,11/18,14b; 16,16; and the following texts were to be discussed: 4,1-8; 6,22-23.27-36.37-38; 7,18-30; 9,1 and 10,1(!); QMt 10,5b-6.23(!); 10,5-8; 11,49-51; 12,33-34; 13,23-24.30. Cf. *1992 AAR/SBL Annual Meeting Program*, pp. 36-38.

19. B.L. Mack, *The Lost Gospel. The Book of Q & Christian Origins*, San Francisco, Harper, 1993, p. 27.

20. *Ibid.*, pp. 71-102: "The Book of Q".

21. On departures from the Q Project text in Kloppenborg's partial reconstruction (*Q-Thomas Reader*, 1990), see my review, in this issue of *ETL*, pp. 175-177, esp. 176. On Jacobson's reconstruction, see my review, *ibid.*, pp. 177-179. Note that the Sondergut material in Lk 6,24-26; 9,61-62; 11,16; 11,27-28; 11,36; 12,13-21; 15,8-10, which are assigned to Q by Kloppenborg (1990) and, with the exception of 6,24-26 and 11,36, by Mack, are (rightly, I think) rejected by Jacobson. He is undecided regarding 17,28-29 (p. 231, n. 103).

— Additional Note: supplement to n. 5.

M.C. Moreland – J.M. Robinson, ... *Work Sessions 31 July – 2 August, 20 November 1992*, in *JBL* 112 (1993) 500-506: Q 3,7-9.16-17.«21-22»; 4,1-4; 6,23; 9,57-60; 10,5-6; 11,15.17-20.«21-22».24-26; 12, 22-31.39-40; 13,23-24; 14,11.

... *Work Sessions 6-8 August, 18-19 November, 1993*, in *JBL* 113 (1994) 495-499: Q 6,22.27-38; 7,18-19.22; 11,49-51; 12,8-9.51.53; 16,16.

Excluded from Q: Mt 8,18; 10,5b-6; 10,23; Lk 7,20-21; 9,61-62; (9,1 &) 10,1; 12,32; 12,50.52; 15,8-10; 18,14b.

STUDIORUM NOVI TESTAMENTI AUXILIA

Edited by F. Neirynck

LEUVEN UNIVERSITY PRESS - UITGEVERIJ PEETERS

Available:

10. G. VAN BELLE, *De Semeia-bron in het vierde evangelie. Ontstaan en groei van een hypothese*, 1975. 160 p. FB 200.

11. G. VAN BELLE, *Les parenthèses de l'Évangile de Jean. Aperçu historique et classification. Texte grec de Jean*, 1985. 381 p. FB 1500.

12. G. VAN OYEN, *De summaria in Marcus en de compositie van Mc 1,14-8,26*, 1987. 258 p. FB 950.

13. F. NEIRYNCK, *Q-Synopsis. The Double-Tradition Passages in Greek.* Revised Edition with Appendix, 1995. 79 p. FB 400.

14. B.J. KOET, *Five Studies on Interpretation of Scripture in Luke-Acts*, 1989. 197 p. FB 1000.

15. F. NEIRYNCK, *The Minor Agreements in a Horizontal-line Synopsis*, 1991. 103 p. FB 400.

17. B. LINDARS, *Essays on John.* Edited by C.M. TUCKETT, 1992. XVII-233 p. FB 1000.

18. G. VAN OYEN, *De studie van de Marcusredactie in de twintigste eeuw*, 1993. 397 p. FB 2300.

ORIENTALISTE, KLEIN DALENSTRAAT 42, B-3020 HERENT